密封箱室部件新标准应用手册

核工业标准化研究所组织编写

杨宝光　金国方　刘立坡　主编

燕山大学出版社

·秦皇岛·

图书在版编目(CIP)数据

密封箱室部件新标准应用手册/杨宝光,金国方,刘立坡主编.—秦皇岛:燕山大学出版社,2019.2

(2026.1重印)

ISBN 978-7-81142-768-4

Ⅰ.①密… Ⅱ.①秦… Ⅲ.①密封装置—零部件—行业标准—中国—手册 Ⅳ.①TB42-65

中国版本图书馆 CIP 数据核字(2018)第 255713 号

密封箱室部件新标准应用手册

杨宝光　金国方　刘立坡　主编

出 版 人: 陈　玉

责任编辑: 孙志强

封面设计: 赵小雨

出版发行: 燕山大学出版社 YANSHAN UNIVERSITY PRESS

地　　址: 河北省秦皇岛市河北大街西段 438 号

邮政编码: 066004

电　　话: 0335-8387555

印　　刷: 廊坊市印艺阁数字科技有限公司

经　　销: 全国新华书店

开　　本: 787 mm×1092 mm　1/16　　**印　　张:** 10.75　　**字　　数:** 250 千字

版　　次: 2019 年 2 月第 1 版　　**印　　次:** 2026年1月第3次印刷

书　　号: ISBN 978-7-81142-768-4

定　　价: 60.00 元

前　言

自1998年起核工业标准化研究所陆续组织编制了与国际标准ISO 10648—1(密封箱室设计原则)及ISO 11933—1～5(密封箱室部件)相对应的核行业标准——EJ/T 1108(密封箱室设计原则)及EJ/T 1175.1～6(密封箱室部件)。这几项行业标准与相应国际标准保持了等效采用或修改采用的关系,规定了密封箱室部件选用的一般指导原则、主要结构及尺寸参数,为设计者、制造商及使用单位提供可共同遵守的通用规范。但从已经发布的几个标准的推广和实施情况来看,不如预期的理想。主要原因是多年以来,国内箱室设备设计人员、制造商及使用单位已习惯使用原有的“二机部部标”EJ 2～75—75等零部件施工图标准,对EJ/T 1108和EJ/T 1175等新标准在短期内难以适应。此外,原“二机部部标”EJ 2～75—75等零部件施工图的大部分技术内容已经严重滞后,而新编制的行业标准虽充分反映了先进核国家在箱室设备方面的先进技术,但却难以实施和推广。为了加快这一适应过程并促进箱室设备设计及应用技术水平的提高,核工业标准化研究所向国防科工局申报了“密封箱室部件系列标准推广及实施推进”项目,该项目的主要工作就是编制《密封箱室部件新标准应用手册》。

《密封箱室部件新标准应用手册》编制的目标是在新的箱室设备设计及部件行业标准与国际标准全面接轨之前的过渡时期内有效促进新标准的实施及推广。

《密封箱室部件新标准应用手册》从EJ/T 1108和EJ/T 1175.1～6等已有标准中涵盖的大量零部件中筛选了一部分有应用需求、技术先进、国内又具备自主开发条件的零部件项目编入手册。

《密封箱室部件新标准应用手册》共征集到零部件79个,基本保持了原ISO 11933标准体系的系统性和完整性,涉及密封箱室设计及应用要求的各类基本部件。

从格式看,《密封箱室部件新标准应用手册》与原“二机部部标”EJ 2～75—75相同,符合密封箱室设计及应用从业人员的使用习惯。

《密封箱室部件新标准应用手册》的部件样本左上角指出了与该部件相对应的新标准章节号或图号,可便捷地检索EJ/T 1108和EJ/T 1175.1～6的相关内容,也可和供货商直接进行沟通。样本右上角示出了该部件在本手册中的系列号,对应于每个新标准号,其流水号均从YS 001开始。

制造商提供的技术说明文件的知识产权属于提供方。所提供文件的技术经济责任均由提供方自行承担。

《密封箱室部件新标准应用手册》是初版,将按使用过程中得到的信息反馈及国内技术研发的进展情况按需要进入正常的升版程序。

秦皇岛核风设备有限公司参与和支持了本手册的组织编写工作。

本手册编制人员:杨宝光、金国方、刘立坡、李筱珍、郭建新、刘富贵、吴录平。

目　录

1. 非金属粘接手套接盘

EJ/T 1175.1 图 1 b) 表 4	EJ/T 1175.1 YS 001

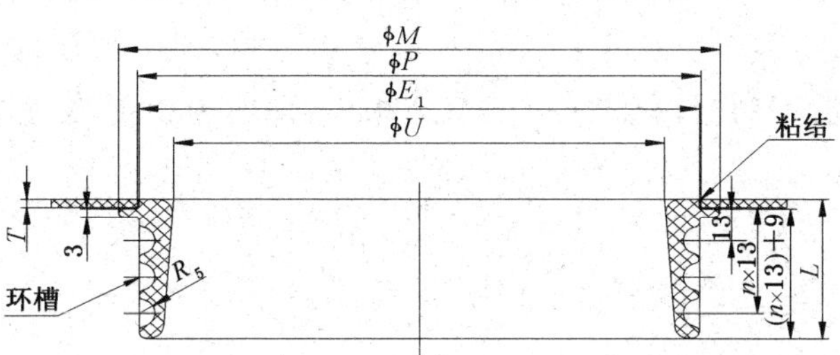

标记示例：

有效直径 U 为 156 mm，环槽数为 2，箱壁厚度 T 为 8 mm 的硬聚氯乙烯粘接手套接盘：

手套接盘 156×2×43（PVC） EJ/T 1175.1 YS 001

系列参数表

单位：mm

有效直径 U	箱体开孔直径 P	M	E_1	环槽数 n	T 6	T 8	T 10	T 12
					L			
156	$178^{+0.5}$	190	178	2	41	43	45	47
186	$202^{+0.5}$	214	202	2	41	43	45	47
				3	54	56	58	60
200	$222^{+0.5}$	234	222	2	41	43	45	47
				3	54	56	58	60

技术说明：

1. 非金属粘贴手套接盘的材料为有机玻璃（PMAA）、硬聚氯乙烯（PVC）或聚碳酸脂（PC），选用时注明代号。

2. 胶粘剂可采用 HY-919 硬质塑料管材胶（天津合成材料研究所）。

3. 粘接以前密封箱室开孔部位的处理方法：

1）对于有机玻璃，采用丙酮、丁酮、甲醇、异丙醇、三氯乙烯或洗涤剂去油，干燥；

2）对于硬聚氯乙烯材料，采用喷砂或打磨表面处理，去油，干燥。去油剂为三氯乙烯丙酮。

3）对于聚碳酸脂材料，采用喷砂或打磨表面处理。用甲醇或异丙醇去油，干燥。

4. 胶粘剂可采用刷涂或喷涂法，胶层厚度宜控制在 0.08～0.1 mm。

粘接工艺：固化：20 ℃/2 天，活性期：70～80 g，25 ℃，2～3 h。

5. 固化以后，最好在室温下放置 16～24 h，再进行装配或使用，以消除内应力，并使粘接剂进一步固化。

6. 质量检查采用非破坏性检查，常采用目测法和敲击法。

1）目测法

用肉眼或通过放大镜，对粘接制品进行外观检视，主要是观察胶缝中胶液的挤出情况，并依此作出判断。若沿整个胶缝中挤出的胶液是均匀的，说明加压均匀，局部欠胶的可能性极小；若挤出的胶液不均匀，有的地方没有或很少，说明施压不均匀，或者涂胶量不足，有欠胶的可能。

2）敲击法

用圆头的金属小棒，连续敲击整个粘接面，根据声音作出判断。粘接牢固的部位，声音均匀；粘接不好的部位，会有空洞的声音。

7. 环槽半径 R 数值及环槽数目可根据用户需求定做，L 数值随箱体壁厚 T 及环槽数不同而变化。

8. 考虑到胶粘剂的毒性作用，操作人员应采用必要的防护工具并采取相应防护措施。

供应商：中国原子能科学研究院实验工厂
邮编：102413
电话：010-69357656
传真：010-69357656
Email：ciaegongchang@163.com
地址：北京市房山区新镇

供应商：秦皇岛核风设备有限公司
邮编：066200
电话：0335-5032334
传真：0335-5031178
Email：shg404@163.com
地址：河北省山海关 217 信箱

2. 非金属焊接手套接盘

EJ/T 1175.1
图 2 a) 表 4

EJ/T 1175.1
YS 002

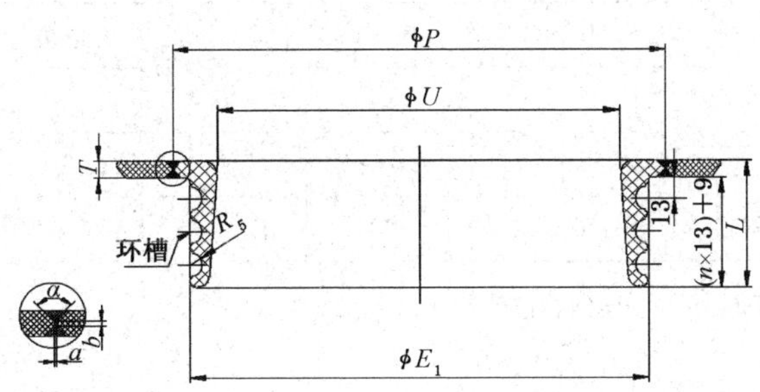

标记示例：

有效直径 U 为 156 mm，环槽数为 2，箱壁厚度 T 为 8 mm 的硬聚氯乙烯焊接手套接盘：

手套接盘 156×2×43 (PVC)　EJ/T 1175.1 YS 002

系列参数表

单位：mm

有效直径 U	箱体开孔直径 P	E_1	环槽数 n	T			
				6	8	10	12
				L			
156	$178^{+0.5}$	178	2	41	43	45	47
186	$222^{+0.5}$	202	2	41	43	45	47
			3	54	56	58	60
200	$242^{+0.5}$	222	2	41	43	45	47
			3	54	56	58	60

技术说明：

1. 非金属焊接手套接盘的材料为硬聚氯乙烯(PVC)。

2. 焊条采用聚氯乙烯焊条。焊条一般为圆形，有单焊条和双焊条之分，一般焊枪所用的焊条如下表所示：

焊条直径的选择　　单位:mm

板厚	单焊条直径	板厚	双焊条直径*
0～5	2～2.5	<8	1.5～2
6～15	2.5～8	>8	2.5
* 两焊条的中心距离			

3. 非金属焊接手套接盘采用 X 形对接焊缝，见上页的局部放大图。具体参数如下表所示：

焊缝结构　　单位:mm

焊缝名称	示图	尺寸			角度	应用说明
		S	*a*	*b*	*α*	
X 形 对接焊缝	α S b a	5～10	0.5～1	1	90	适用于 *S*>5 mm 板材的对接
		10～20	1	1～1.5	70～80	

4. 焊缝质量检查，通常采用目测法和试漏法：

1）目测法：

——焊缝表面要平整，不得有波纹及焊条发毛现象；

——焊条排列要紧密，不得有重叠和空隙；

——焊条必须充分熔融（两边有翻浆），但不允许有分解烧焦现象。

2）试漏法：

由于煤油渗透能力强，通常采用煤油检漏法。先在焊缝背面涂石灰水，而后在正面涂煤油。当焊缝质量不好时，煤油就会渗透到背面，在石灰上显出痕迹。

5. 环槽半径 R 数值及环槽数目可根据用户需求定做，L 数值随箱体壁厚 T 及环槽数不同而变化。

供应商：中国原子能科学研究院实验工厂
邮编：102413
电话：010-69357656
传真：010-69357656
Email：ciaegongchang@163.com
地址：北京市房山区新镇

供应商：秦皇岛核风设备有限公司
邮编：066200
电话：0335-5032334
传真：0335-5031178
Email：shg404@163.com
地址：河北省山海关 217 信箱

3. 金属焊接手套接盘

EJ/T 1175.1 图 2 d) 表 4	EJ/T 1175.1 YS 003

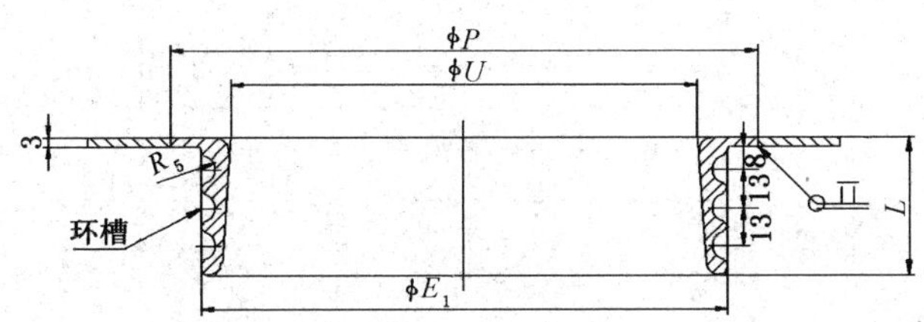

标记示例：

有效直径 U 为 156 mm，环槽数为 2，箱壁厚度 T 为 3 mm 的不锈钢焊接手套接盘：

手套接盘 156×2×33　EJ/T 1175.1 YS 003

系列参数表

单位：mm

有效直径 U	箱体开孔直径 P	E_1	环槽数 n	L
156	$198^{+0.5}$	176	2	38
180	$222^{+0.5}$	200	2	38
			3	51
200	$242^{+0.5}$	220	2	38
			3	51

技术说明：

1. 金属焊接手套接盘的材料为不锈钢(06Cr18Ni11Ti)。
2. 金属焊接手套接盘采用氩弧焊，焊丝钢号推荐采用 H0Cr21Ni10Ti(YB/T 5091)。
3. 焊缝可按 JB/T 4730.5—2005 着色渗透检测，Ⅰ级合格。
4. 环槽半径 R 数值及环槽数目可根据用户需求定做。

供应商：中国原子能科学研究院实验工厂
邮编：102413
电话：010-69357656
传真：010-69357656
Email：ciaegongchang@163.com
地址：北京市房山区新镇

供应商：秦皇岛核风设备有限公司
邮编：066200
电话：0335-5032334
传真：0335-5031178
Email：shg404@163.com
地址：河北省山海关 217 信箱

4. 螺纹连接手套及封袋接盘

EJ/T 1175.1 图 7 b）表 4

EJ/T 1175.1 YS 004

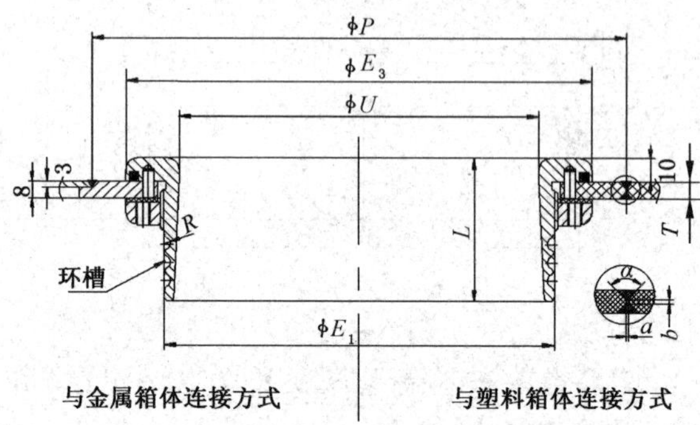

标记示例：

有效直径 U 为 156 mm，环槽数为 2，箱壁厚度 T 为 8 mm 的与硬聚氯乙烯箱体配用的螺纹连接手套接盘：

手套接盘 156×2×62（PVC） EJ/T 1175.1 YS 004

系列参数表

单位：mm

有效直径 U	箱体开孔直径 P	E_3	E_1	环槽数 n	T		
					8	10	12
					L		
156	230	200	171	2	62	64	66
186	260	230	202	2	62	64	66
				3	75	77	79
200	274	244	216	2	62	64	66
				3	75	77	79
330	404	374	342	2	62	64	66
				3	75	77	79
400	470	440	418	2	62	64	66
				3	75	77	79

技术说明：

1. 手套接盘的主体材料为不锈钢，可与不锈钢(SS)箱体或硬聚氯乙烯(PVC)箱体配用，选用时用代号注明。

2. 与硬聚氯乙烯箱体或不锈钢箱体焊接时的技术要求可参见 YS 002 及 YS 003 的技术说明。

3. 环槽半径 R 数值及环槽数目可根据用户需求定做，与硬聚氯乙烯(PVC)箱体配用时 L 数值会按箱体壁厚 T 变化，与不锈钢箱体配用时 L 数值按 $T=8$ mm 选取。

4. 选用有效直径 $U=330$ mm 和 400 mm 时，也可标记为封袋接盘。

供应商：中国原子能科学研究院实验工厂
邮编：102413
电话：010-69357656
传真：010-69357656
Email：ciaegongchang@163.com
地址：北京市房山区新镇

供应商：秦皇岛核风设备有限公司
邮编：066200
电话：0335-5032334
传真：0335-5031178
Email：shg404@163.com
地址：河北省山海关 217 信箱

5. 机械膨胀式带杠杆孔盖

EJ/T 1175.1 图 8 b）表 5	EJ/T 1175.1 YS 005

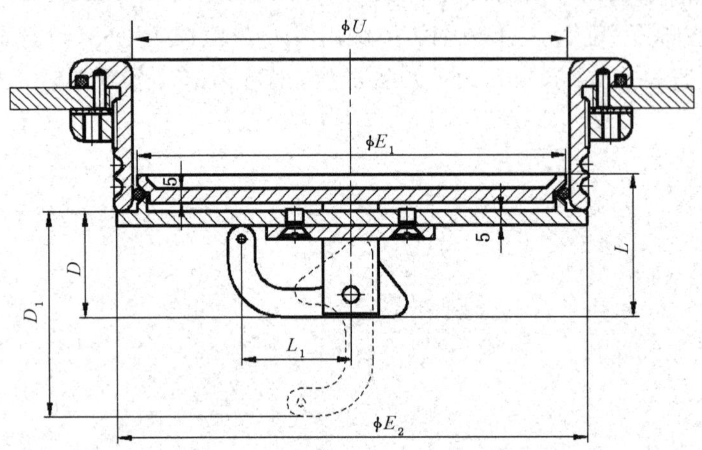

标记示例：

接盘有效直径 U 为 330 mm 的不锈钢制机械膨胀式带杠杆封袋孔盖：

孔盖 330(SS)　EJ/T 1175.1 YS 005

系列参数表　　单位：mm

接盘有效直径 U	E_1	E_2	D	D_1	L
156	153	168	45	110	70
186	183	198	45	110	70
200	197	212	45	110	70
330	328	342	45	338	70
400	398	412	45	398	70

技术说明：

1. 手套孔盖的门板材料可选不锈钢(SS)或铝合金(A)，选用时注明代号。
2. 适用于密封性分级为 2～4 级的密封箱室。

供应商：中国原子能科学研究院实验工厂
邮编：102413
电话：010-69357656
传真：010-69357656
Email：ciaegongchang@163.com
地址：北京市房山区新镇

供应商：秦皇岛核风设备有限公司
邮编：066200
电话：0335-5032334
传真：0335-5031178
Email：shg404@163.com
地址：河北省山海关 217 信箱

6. 机械膨胀式带螺纹手柄孔盖

EJ/T 1175.1 图 8 c) 表 5	EJ/T 1175.1 YS 006

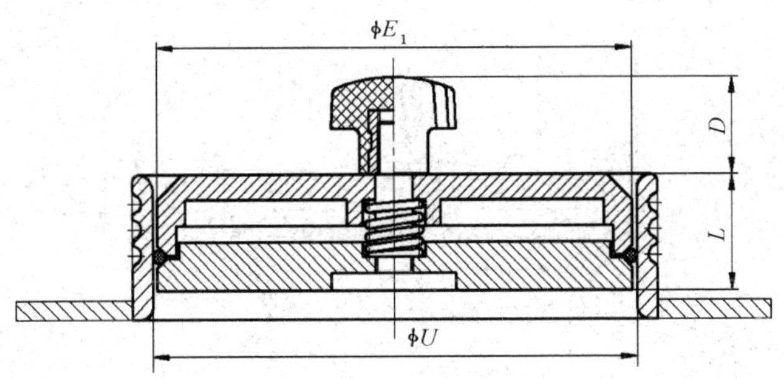

标记示例：

接盘有效直径 U=156 mm 的不锈钢制机械膨胀式带螺纹手柄孔盖：

手套孔盖 156(SS)　EJ/T 1175.1 YS 006

系列参数表

单位：mm

接盘有效直径 U	E_1	D	L
156	153	45	70
186	183	45	70
200	197	45	70
330	328	45	70
400	398	45	70

技术说明：

1. 手套孔盖的门板材料可选不锈钢(SS)或铝合金(A)，选用时注明代号。
2. 适用于密封性分级为 2～4 级的密封箱室。

供应商：中国原子能科学研究院实验工厂
邮编：102413
电话：010-69357656
传真：010-69357656
Email：ciaegongchang@163.com
地址：北京市房山区新镇

供应商：秦皇岛核风设备有限公司
邮编：066200
电话：0335-5032334
传真：0335-5031178
Email：shg404@163.com
地址：河北省山海关 217 信箱

7. 带单卡板及法兰的孔盖

EJ/T 1175.1 图 10 表 7	EJ/T 1175.1 YS 007

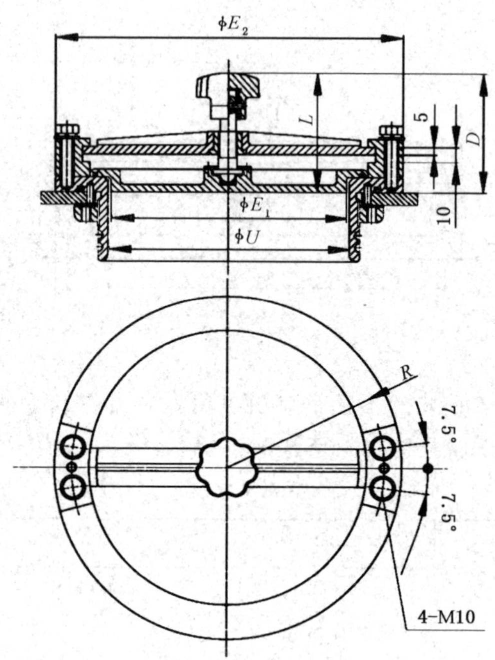

标记示例：

有效直径 U 为 156 mm，门板材料为不锈钢的带单卡板及法兰的手套孔盖：

手套孔盖 156(SS)　EJ/T 1175.1 YS 007

系列参数表

单位：mm

接盘有效直径 U	E_1	E_2	D	L	R
156	155	220	90	90	100
186	185	258	90	90	116
200	199	280	90	90	130

技术说明：

1. 手套孔盖的门板材料可选不锈钢(SS)或铝合金(A)，选用时注明代号。
2. 卡板材料为不锈钢。
3. 安装时按图尺寸配做 4-M8 固定孔。
4. 适用于密封性分级为 1～4 级的密封箱室。

供应商：中国原子能科学研究院实验工厂
邮编：102413
电话：010-69357656
传真：010-69357656
Email：ciaegongchang@163.com
地址：北京市房山区新镇

供应商：秦皇岛核风设备有限公司
邮编：066200
电话：0335-5032334
传真：0335-5031178
Email：shg404@163.com
地址：河北省山海关 217 信箱

8. 带十字卡板的封袋孔盖

EJ/T 1175.1 图 11 表 8	EJ/T 1175.1 YS 008

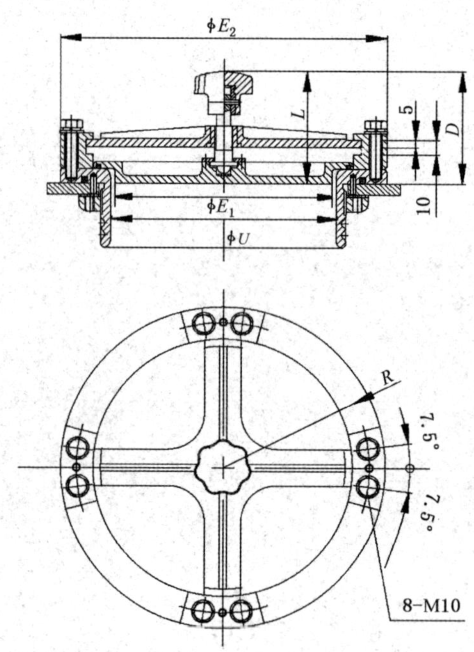

标记示例：

有效直径 U 为 330 mm，门板材料为不锈钢的十字卡板的封袋孔盖：

孔盖 330(SS)　EJ/T 1175.1 YS 008

系列参数表

单位：mm

接盘有效 直径 U	E_1	E_2	D	L	R
330	329	400	90	90	187
400	399	468	90	90	221

技术说明：

1. 封袋孔盖的门板材料可选不锈钢(SS)或铝合金(A)，选用时注明代号。
2. 卡板材料为不锈钢。
3. 安装时按图尺寸配做 4-M10 固定孔。
4. 适用于密封性分级为 1～4 级的密封箱室。

供应商：中国原子能科学研究院实验工厂
邮编：102413
电话：010-69357656
传真：010-69357656
Email：ciaegongchang@163.com
地址：北京市房山区新镇

供应商：秦皇岛核风设备有限公司
邮编：066200
电话：0335-5032334
传真：0335-5031178
Email：shg404@163.com
地址：河北省山海关 217 信箱

9. 屏蔽手套孔盖

EJ/T 1175.1 图 15 表 12	EJ/T 1175.1 YS 009

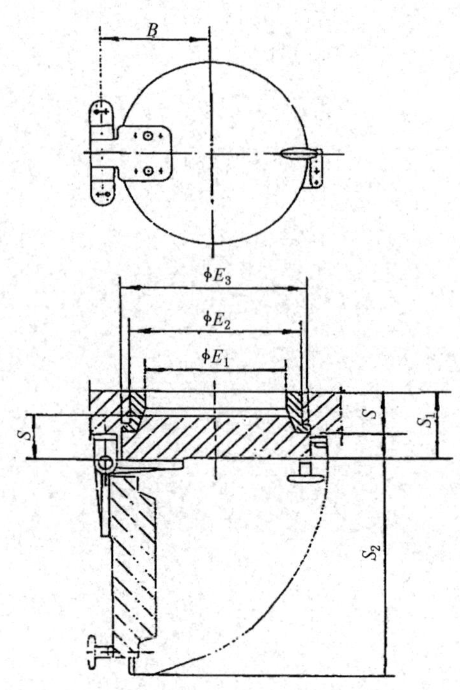

标记示例：

屏蔽厚度 S=75 mm(Fe)与有效直径为 156 mm 手套接盘配用的屏蔽手套孔盖：

手套孔盖 75 EJ/T 1175.1 YS 009

屏蔽手套孔盖标准尺寸

单位：mm

S	S_1	S_2	E_1	E_2	E_3	B
25	75	427	240	294	324	190
50	100	427	240	294	324	190
75	125	427	240	294	324	190
100	150	427	240	294	324	190

技术说明：

1. 手套孔盖与有效直径 $U=156$ mm 的手套接盘配用。
2. 未注接口尺寸咨询供应商。

供应商：秦皇岛核风设备有限公司
邮编：066200
电话：0335-5032334
传真：0335-5031178
Email：shg404@163.com
地址：河北省山海关 217 信箱

供应商：中国原子能科学研究院实验工厂
邮编：102413
电话：010-69357656
传真：010-69357656
Email：ciaegongchang@163.com
地址：北京市房山区新镇

10. 埋入式灌铅屏蔽手套孔盖

EJ/T 1175.1 图 15	EJ/T 1175.1 YS 010

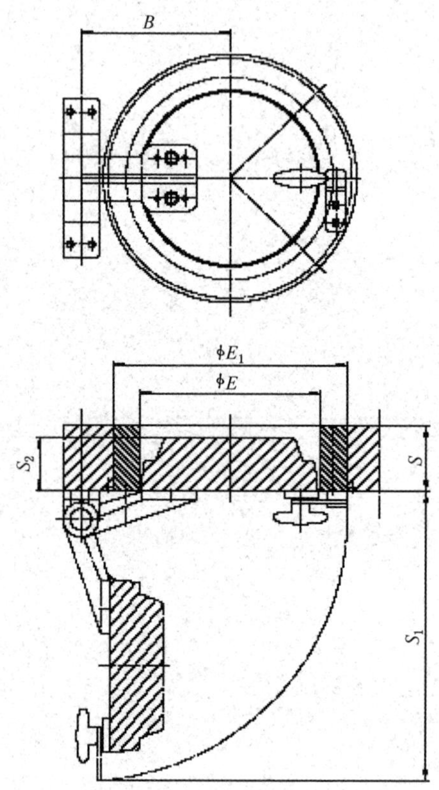

标记示例：

屏蔽厚度 S=75 mm(Fe)与有效直径为 156 mm 手套接盘配用的埋入式铅屏蔽手套孔盖：

埋入式铅屏蔽手套孔盖 75　EJ/T 1175.1 YS 010

埋入式灌铅屏蔽手套孔盖标准尺寸

单位：mm

S	S_1	S_2	E	E_1	B
75	338	35	200	254	180
100	338	45	200	254	180

技术说明：

1. 手套孔盖与有效直径 $U=156$ mm 的手套接盘配用。

2. 未注接口尺寸咨询供应商。

供应商：秦皇岛核风设备有限公司
邮编：066200
电话：0335-5032334
传真：0335-5031178
Email：shg404@163.com
地址：河北省山海关 217 信箱

供应商：中国原子能科学研究院实验工厂
邮编：102413
电话：010-69357656
传真：010-69357656
Email：ciaegongchang@163.com
地址：北京市房山区新镇

11. 推入式手套更换组件

EJ/T 1175.1
图 25 b）表 4

EJ/T 1175.1
YS 011

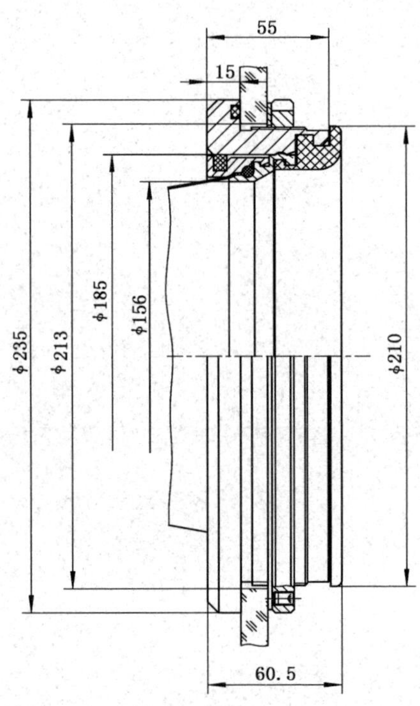

标记示例：

公称直径为 156 mm 的推入式手套更换组件：

推入式手套更换组件 156 EJ/T 1175.1 YS 011

技术说明：

与“手套更换顶出装置”(EJ/T 1175.1 YS 015)配套使用。

供应商：秦皇岛核风设备有限公司
邮编：066200
电话：0335-5032334
传真：0335-5031178
Email：shg404@163.com
地址：河北省山海关 217 信箱

供应商：中国原子能科学研究院实验工厂
邮编：102413
电话：010-69357656
传真：010-69357656
Email：ciaegongchang@163.com
地址：北京市房山区新镇

12. 推入式焊封袋更换组件

EJ/T 1175.1 图 25 b）表 4	EJ/T 1175.1 YS 012

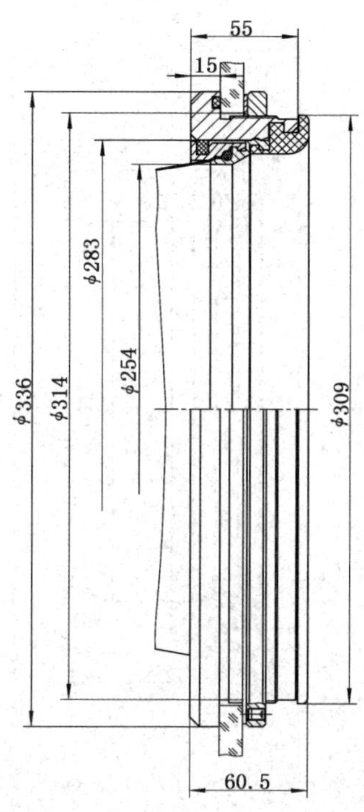

标记示例：

公称直径为 254 mm 的推入式焊封袋更换组件：

推入式焊封袋更换组件 254 EJ/T 1175.1 YS 012

技术说明：

与“焊封袋顶出装置”(EJ/T 1175.1 YS 016)配套使用。

供应商：秦皇岛核风设备有限公司
邮编：066200
电话：0335-5032334
传真：0335-5031178
Email：shg404@163.com
地址：河北省山海关 217 信箱

供应商：中国原子能科学研究院实验工厂
邮编：102413
电话：010-69357656
传真：010-69357656
Email：ciaegongchang@163.com
地址：北京市房山区新镇

13. 推入式圆形窗组件

EJ/T 1175.1 图 26 b)	EJ/T 1175.1 YS 013

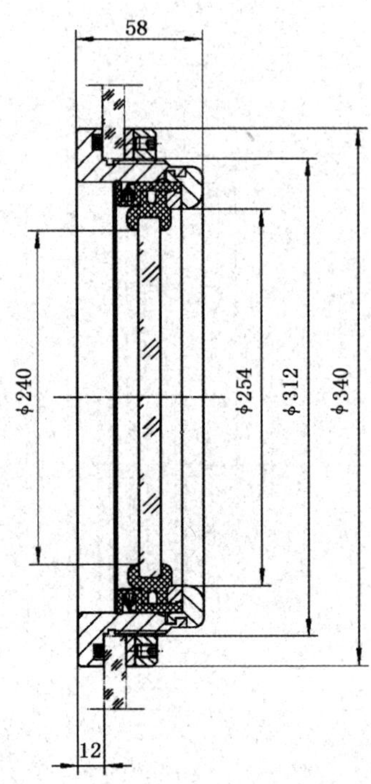

标记示例：

公称直径为 254 mm 的推入式圆形窗组件：

推入式圆形窗组件 254　EJ/T 1175.1 YS 013

技术说明：

与“焊封袋顶出装置”(EJ/T 1175.1 YS 016)配套使用。

供应商：秦皇岛核风设备有限公司
邮编：066200
电话：0335-5032334
传真：0335-5031178
Email：shg404@163.com
地址：河北省山海关 217 信箱

供应商：中国原子能科学研究院实验工厂
邮编：102413
电话：010-69357656
传真：010-69357656
Email：ciaegongchang@163.com
地址：北京市房山区新镇

14. 推入式贯穿件盘组件

EJ/T 1175.1 图 26 a)	EJ/T 1175.1 YS 014

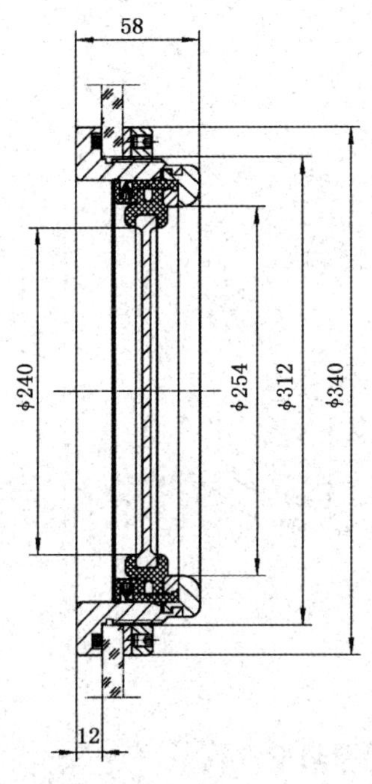

标记示例：

公称直径为 254 mm 的推入式贯穿件盘组件：

推入式贯穿件盘组件 254　EJ/T 1175.1 YS 014

技术说明：

1. 与“焊封袋顶出装置”(EJ/T 1175.1 YS 016)配套使用。

2. 在 ϕ240 mm 的盘面上可按订货方要求安装电连接器、气液接头及传动装置等(见 EJ/T 1175.1 图 26)，详情咨询供货商。

供应商：秦皇岛核风设备有限公司
邮编：066200
电话：0335-5032334
传真：0335-5031178
Email：shg404@163.com
地址：河北省山海关 217 信箱

供应商：中国原子能科学研究院实验工厂
邮编：102413
电话：010-69357656
传真：010-69357656
Email：ciaegongchang@163.com
地址：北京市房山区新镇

15. 推入式贯穿件盘

EJ/T 1175.1 图 26 d)		EJ/T 1175.1 YS 014A

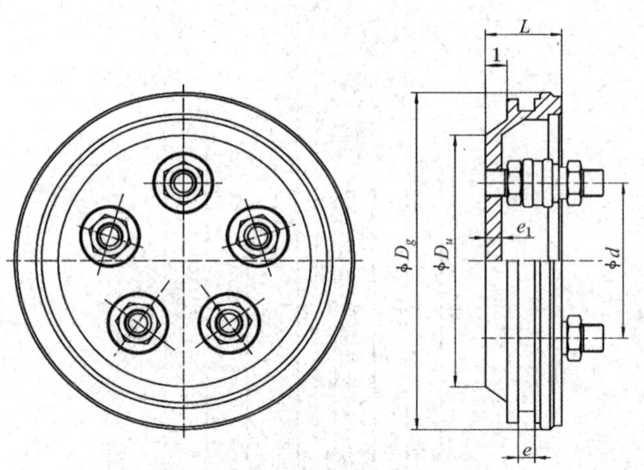

标记示例：

外径 D_g＝261.5 mm 的不锈钢制推入式贯穿件盘：

贯穿件盘 261.5(SS)　EJ/T 1175.1 YS 014A

推入式贯穿件盘标准尺寸　　　　单位：mm

D_g	贯穿件尺寸[a]					
	L	l	e_1	D_u	e	d
135.5	28	11	6	126	6	60
160.5	28	10	6	151	6	90
160.5	28	10	6	151	6	90
210.5	30	10	6	196	6	140
226.5	30	10	6	212	6	150
261.5	30	10	6	237	6	190
258.5	30	10	6	239	6	190
311.5	35	10	6	297	6	250

[a] 尺寸 D_g、D_u 为标准尺寸，其余为参考尺寸。

技术说明：

1. 贯穿件盘与顶出装置(EJ/T 1175.1 YS 016)配套使用，其上的唇型密封圈与该顶出装置及密封环配套供货及试验。

2. 贯穿件盘上可根据订货方要求安装连接器、气液接头、透明视窗等，详情咨询供货商。

3. 贯穿件可用不锈钢(SS)或铝合金(A)制造，选用时用代号注明。

4. 目前，供货的规格为 $D_g=261.5$ mm。本件也是 EJ/T 1175.1 YS 014 中的另一种可互换件。

供应商：秦皇岛核风设备有限公司
邮编：066200
电话：0335-5032334
传真：0335-5031178
Email：shg404@163.com
地址：河北省山海关 217 信箱

供应商：中国原子能科学研究院实验工厂
邮编：102413
电话：010-69357656
传真：010-69357656
Email：ciaegongchang@163.com
地址：北京市房山区新镇

16. 手套更换顶出装置

EJ/T 1175.1 图 27	EJ/T 1175.1 YS 015

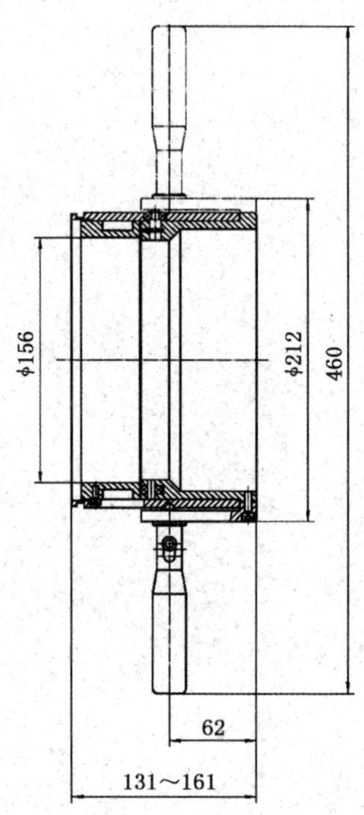

标记示例：

与公称直径为 156 mm 的 2 型可顶出支承环配用的顶出装置：

手套更换顶出装置 156　EJ/T 1175.1 YS 015

技术说明：

与“推入式手套更换组件”(EJ/T 1175.1 YS 011)配套使用。

供应商：秦皇岛核风设备有限公司
邮编：066200
电话：0335-5032334
传真：0335-5031178
Email：shg404@163.com
地址：河北省山海关 217 信箱

供应商：中国原子能科学研究院实验工厂
邮编：102413
电话：010-69357656
传真：010-69357656
Email：ciaegongchang@163.com
地址：北京市房山区新镇

17. 焊封袋顶出装置

EJ/T 1175.1 图 27	EJ/T 1175.1 YS 016

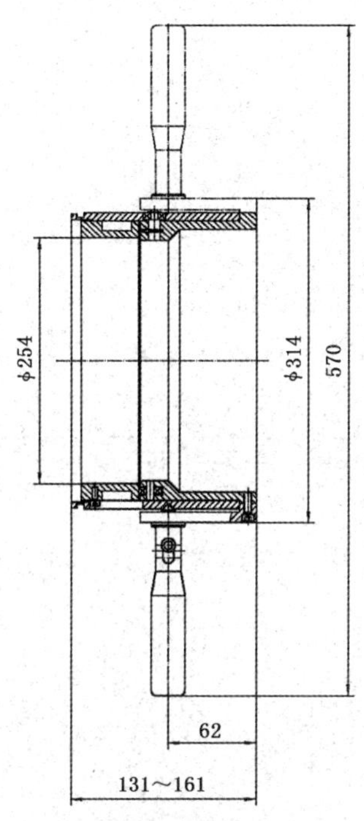

标记示例：

与公称直径为 254 mm 的 2 型可顶出支承环配用的顶出装置：

焊封袋顶出装置 254　EJ/T 1175.1 YS 016

技术说明：

可与“推入式焊封袋更换组件”（EJ/T 1175.1 YS 012）、“推入式贯穿件盘组件”（EJ/T 1175.1 YS 014）配套使用。

供应商：秦皇岛核风设备有限公司
邮编：066200
电话：0335-5032334
传真：0335-5031178
Email：shg404@163.com
地址：河北省山海关 217 信箱

供应商：中国原子能科学研究院实验工厂
邮编：102413
电话：010-69357656
传真：010-69357656
Email：ciaegongchang@163.com
地址：北京市房山区新镇

18. 圆形平板门

<table><tr><td>EJ/T 1175.3
图 4 表 4</td><td>EJ/T 1175.3
YS 001</td></tr></table>

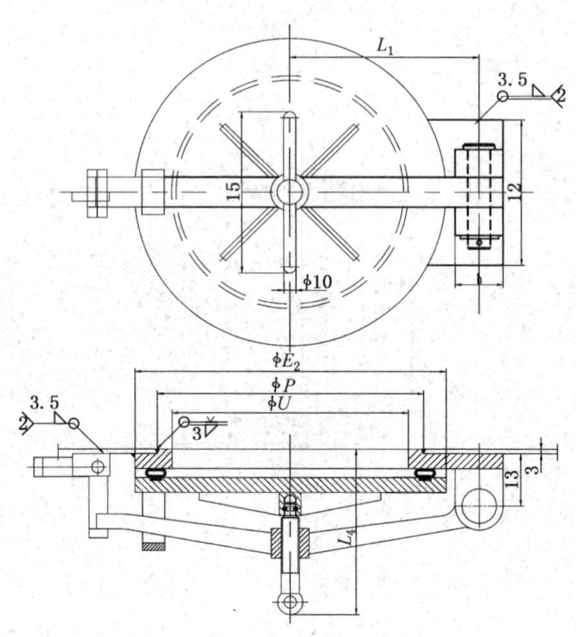

标记示例：

有效直径 U 为 156 mm，材料为不锈钢的圆形平板门：

圆形平板门 156（SS） EJ/T 1175.3 YS 001

系列参数表

单位：mm

有效直径 U	P	E_2	L_1	L_2	L_3	L_4	L_5	b
156	176	206	120	95	30	100	100	22
200	220	256	145	110	35	110	120	25
250	270	306	180	125	40	120	140	30
300	320	356	215	140	45	125	150	35
400	430	460	255	160	50	130	150	40

技术说明：

1. 材料一般应与所配用的密封箱体材料相同，可选择碳钢（CS）、不锈钢（SS）、铝合金

(A)等金属材料，图中示出的是不锈钢门与不锈钢箱体的连接形式。也可选择 PVC、PMAA、PC 等工程塑料，但门的结构及连接形式会有不同，选用时请向供货商咨询。

2. 适用于密封性分级为 2～4 级的密封箱室。需要与密封性分级为 1 级的密封箱室配用的平板门时请向供应商咨询。

供应商：中国原子能科学研究院实验工厂
邮编：102413
电话：010-69357656
传真：010-69357656
Email：ciaegongchang@163. com
地址：北京市房山区新镇

供应商：秦皇岛核风设备有限公司
邮编：066200
电话：0335-5032334
传真：0335-5031178
Email：shg404@163. com
地址：河北省山海关 217 信箱

19. 矩形平板门

EJ/T 1175.3 图 5 表 5

EJ/T 1175.3 YS 002

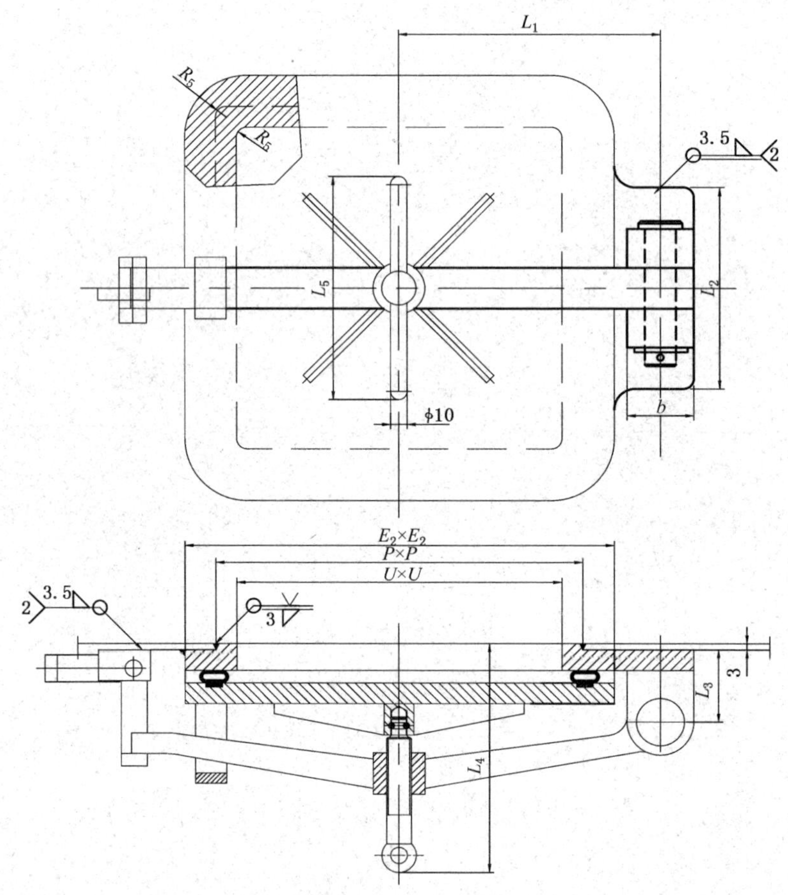

标记示例：

有效直径 U 为 156 mm，材料为不锈钢的矩形平板门：

矩形平板门 156(SS) EJ/T 1175.3 YS 002

系列参数表 单位:mm

门洞尺寸 $U \times U$	箱体开孔尺寸 $P \times P$	$E_2 \times E_2$	L_1	L_2	L_3	L_4	L_5	b
156×156	176×176	206×206	120	95	30	100	100	22
200×200	220×220	256×256	145	110	35	110	120	25
250×250	270×270	306×306	180	125	40	120	140	30

技术说明:

1. 材料一般应与所配用的密封箱体材料相同,可选择碳钢(CS)、不锈钢(SS)、铝合金(A)等金属材料,图中示出的是不锈钢门与不锈钢箱体的连接形式。也可选择 PVC、PMAA、PC 等工程塑料,但门的结构及连接形式会有不同,选用时请向供应商咨询。

2. 适用于密封性分级为 2～4 级的密封箱室。需要与密封性分级为 1 级的密封箱室配用的平板门时请向供应商咨询。

供应商:中国原子能科学研究院实验工厂
邮编:102413
电话:010-69357656
传真:010-69357656
Email:ciaegongchang@163.com
地址:北京市房山区新镇

供应商:秦皇岛核风设备有限公司
邮编:066200
电话:0335-5032334
传真:0335-5031178
Email:shg404@163.com
地址:河北省山海关 217 信箱

20. 电动开关圆形屏蔽门

EJ/T 1175.3 5.2	EJ/T 1175.3 YS 003

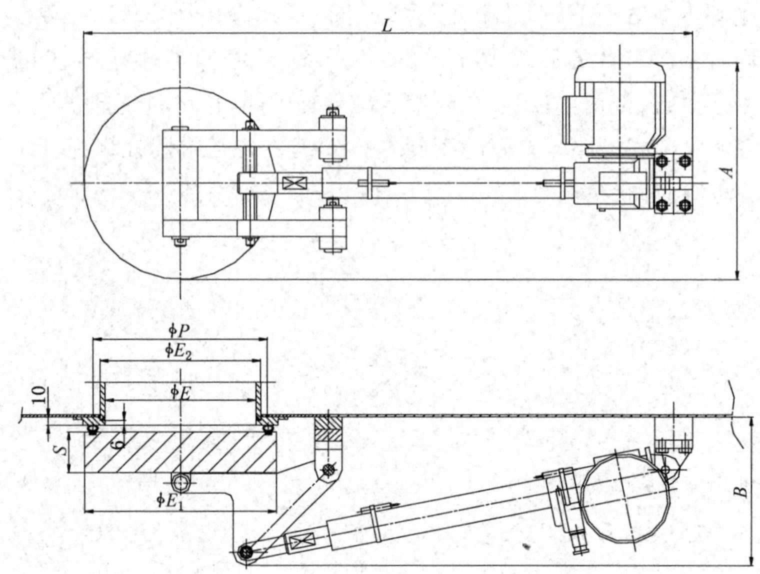

标记示例：

门洞直径为 150 mm 的钢制屏蔽门：

圆形门 150(CS)　EJ/T 1175.3 YS 003

电动开关圆形屏蔽门标准尺寸

单位：mm

有效截面直径 E	外形尺寸							
	S	E	E_1	L	E_2	P	A	B
150	50	150	180	900	160	180	250	190
200	50	200	230	950	210	230	275	190
250	50	250	280	1 000	260	280	300	190

技术说明：

1. 可用碳钢板(CS)制造或灌铅(Pb)，选用时用代号注明。
2. 驱动装置使用电压：U=380 V。
3. 配有限位开关，若需要其他控制方式，请在选型时提出。

供应商：秦皇岛核风设备有限公司
邮编：066200
电话：0335-5032334
传真：0335-5031178
Email：shg404@163.com
地址：河北省山海关 217 信箱

供应商：中国原子能科学研究院实验工厂
邮编：102413
电话：010-69357656
传真：010-69357656
Email：ciaegongchang@163.com
地址：北京市房山区新镇

21. 水平推拉门

EJ/T 1175.3 图 6 表 6	EJ/T 1175.3 YS 004

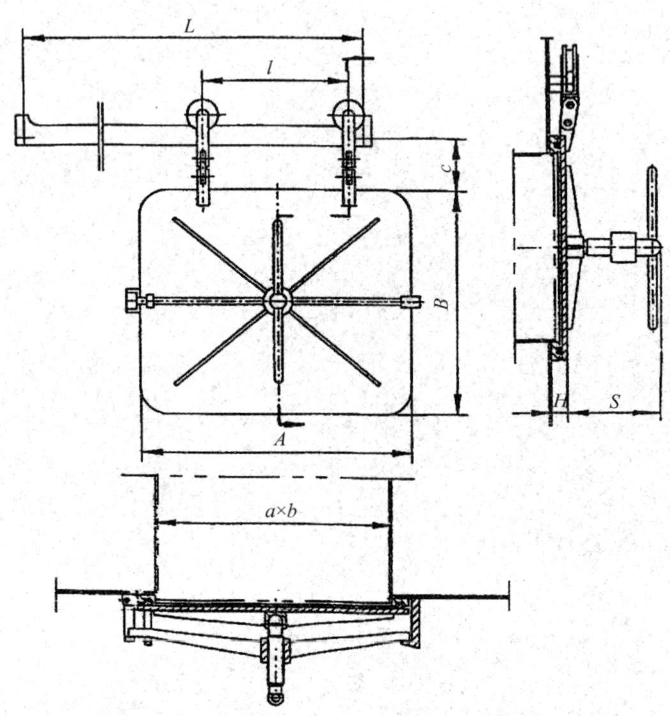

标记示例：

用不锈钢制造，有效截面为 290×230 mm 的左开推拉门：

推拉门 L(SS) 290×230　EJ/T 1175.3 YS 004

水平推拉门标准尺寸　　单位：mm

有效截面 $a\times b$	A	B	C	l	L	S
230×190	276	236	64	140	440	94
290×230	336	276	64	180	530	94
330×230	376	276	64	220	620	94

技术说明：

1. 可用不锈钢(SS)或碳钢(CS)制造，选用时用代号注明。

2. L 及 R 表示开门方向，L 表示左开，R 表示右开。

3. 有效截面为 330 mm×230 mm 时仅用于箱体宽度为 900 mm 的手套箱或屏蔽手套箱。

供应商：秦皇岛核风设备有限公司
邮编：066200
电话：0335-5032334
传真：0335-5031178
Email：shg404@163.com
地址：河北省山海关 217 信箱

供应商：中国原子能科学研究院实验工厂
邮编：102413
电话：010-69357656
传真：010-69357656
Email：ciaegongchang@163.com
地址：北京市房山区新镇

22. 旋 转 门

EJ/T 1175.3 图 7 表 7	EJ/T 1175.3 YS 005

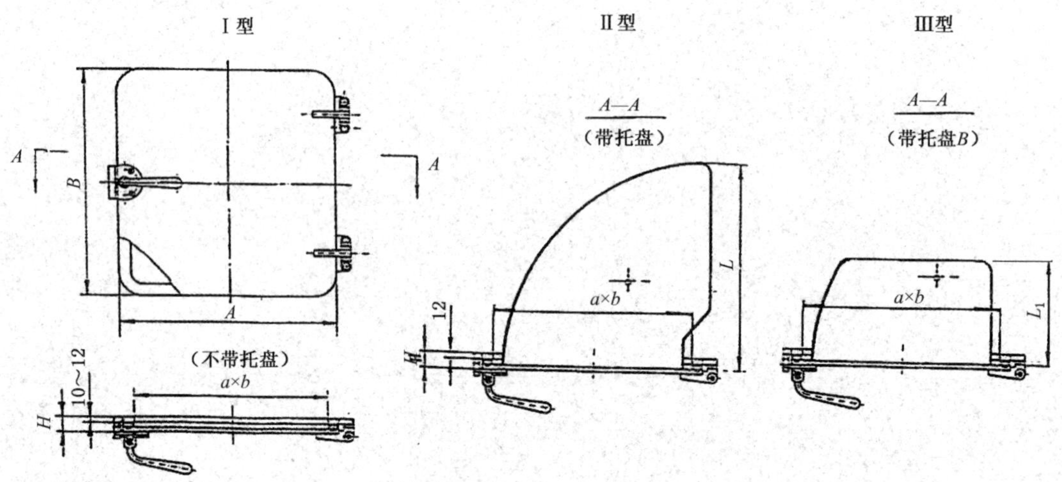

标记示例：

用不锈钢制造的不带托盘的有效截面为 250×250 mm 的左开旋转门：

旋转门 L Ⅰ(SS) 250×250 EJ/T 1175.3 YS 005

旋转门标准尺寸

单位:mm

有效截面 $a \times b$	A	B	H	L	L_1
250×250	290	290	26	266	100
300×300	340	340	26	316	100
350×350	390	390	26	366	100

技术说明：

1. 本型旋转门分三种结构，不带托盘为Ⅰ型，带托盘为Ⅱ型，带截顶托盘为Ⅲ型，选用时注明型号。

2. 可用不锈钢(SS)或碳钢(CS)制造，选用时用代号注明。

3. L及R表示开门方向，L表示左开，R表示右开。

4. L_1 为Ⅲ型托盘的宽度尺寸，可选50、80、100。

供应商：秦皇岛核风设备有限公司
邮编：066200
电话：0335-5032334
传真：0335-5031178
Email：shg404@163.com
地址：河北省山海关217信箱

供应商：中国原子能科学研究院实验工厂
邮编：102413
电话：010-69357656
传真：010-69357656
Email：ciaegongchang@163.com
地址：北京市房山区新镇

23. 圆形引入式普通型气闸小室

EJ/T 1175.3
图 9 a)左

EJ/T 1175.3
YS 006

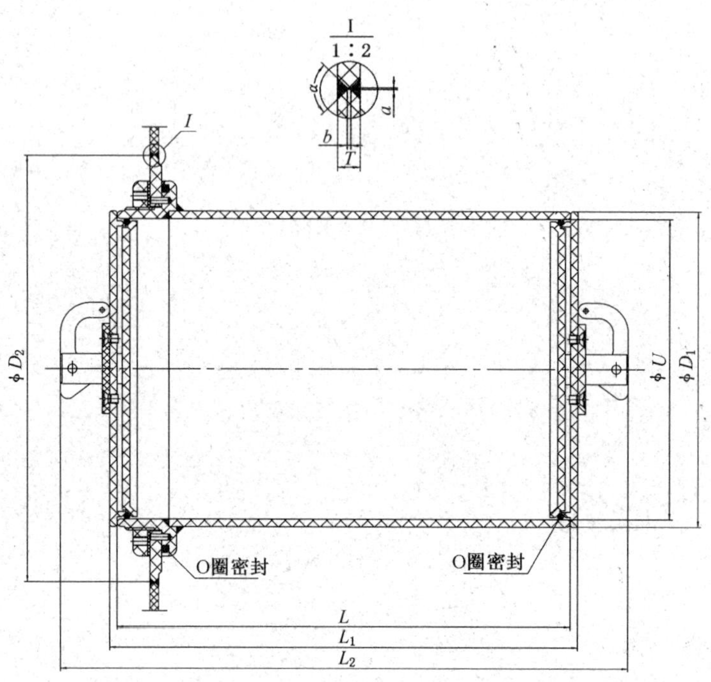

标记示例 1：

有效直径 U 为 156 mm，箱壁厚度 T 为 8 mm 的硬聚氯乙烯制的引入式普通型气闸小室：

引入式气闸小室 156N(PVC)×8　EJ/T 1175.3 YS 006

非金属圆形引入式普通型气闸小室系列参数表　　　　单位：mm

有效直径 U	L	L_1	L_2	D_1	箱体开孔直径 D_2
156	250	260	326	170	240
200	300	310	376	215	285
254	350	360	426	270	344
300	450	460	526	316	386

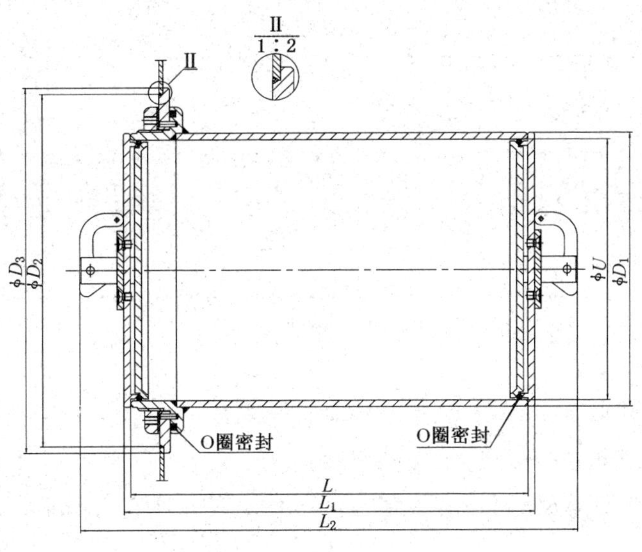

标记示例 2：

有效直径 U 为 156 mm，与不锈钢箱体配用的不锈钢制引入式普通型气闸小室：

引入式气闸小室 156M(SS)　EJ/T 1175.3 YS 006

金属圆形引入式普通型气闸小室系列参数表

单位：mm

有效直径 U	L	L_1	L_2	D_1	箱体开孔直径 D_2	D_3
156	250	260	326	166	225	235
200	300	310	376	210	270	280
254	350	360	426	264	320	335
300	450	460	526	310	370	385

技术说明：

1. 圆形引入式普通型气闸小室可用不锈钢(SS)铝合金(A)等金属材料(代号 M)或 PVC、PMMA、PC 等工程塑料(代号 N)制造，选用时用代号注明。

2. 非金属圆形引入式普通型气闸小室焊条采用聚氯乙烯焊条。焊条一般为圆形，有单焊条和双焊条之分，一般焊枪所用的焊条如下表所示。

焊条直径的选择

单位：mm

板厚	单焊条直径	板厚	双焊条直径[a]
0～5	2～2.5	＜8	1.5～2
6～15	2.5～8	＞8	2.5
＞16	3～3.5		
[a] 两焊条的中心距离			

3. 非金属焊接手套接盘采用 X 形对接焊缝，见局部放大图Ⅰ。具体参数见下表：

焊缝结构

焊缝名称	示图	尺寸			角度	应用说明
		S(mm)	a(mm)	b(mm)	α(°)	
X形 对接焊缝		5～10	0.5～1	1	90	适用于 S>5 mm 板材的对接
		10～20	1	1～1.5	70～80	
		20～25	1	1～1.5	60～70	

4. 焊缝质量检查，通常采用目测法和试漏法：

1）目测法：

——焊缝表面要平整，不得有波纹及焊条发毛现象；

——焊条排列要紧密，不得有重叠和空隙；

——焊条必须充分熔融（两边有翻浆），但不允许有分解烧焦现象。

2）试漏法：

由于煤油渗透能力强，通常采用煤油检漏法。先在焊缝背面涂石灰水，而后在正面涂煤油。当焊缝质量不好时，煤油就会渗透到背面，在石灰上显出痕迹。

4. 金属圆形引入式普通型气闸小室采用氩弧焊，焊丝钢号推荐采用 H0Cr21Ni10Ti（YB/T 5091）；焊缝结构见局部放大图Ⅱ，焊缝可按 JB/T 4730.5—2005 着色渗透检测，Ⅰ级合格。

供应商：中国原子能科学研究院实验工厂
邮编：102413
电话：010-69357656
传真：010-69357656
Email：ciaegongchang@163.com
地址：北京市房山区新镇

供应商：秦皇岛核风设备有限公司
邮编：066200
电话：0335-5032334
传真：0335-5031178
Email：shg404@163.com
地址：河北省山海关 217 信箱

24. 圆形引入式通风型气闸小室

EJ/T 1175.3 图 9 b)左	EJ/T 1175.3 YS 007

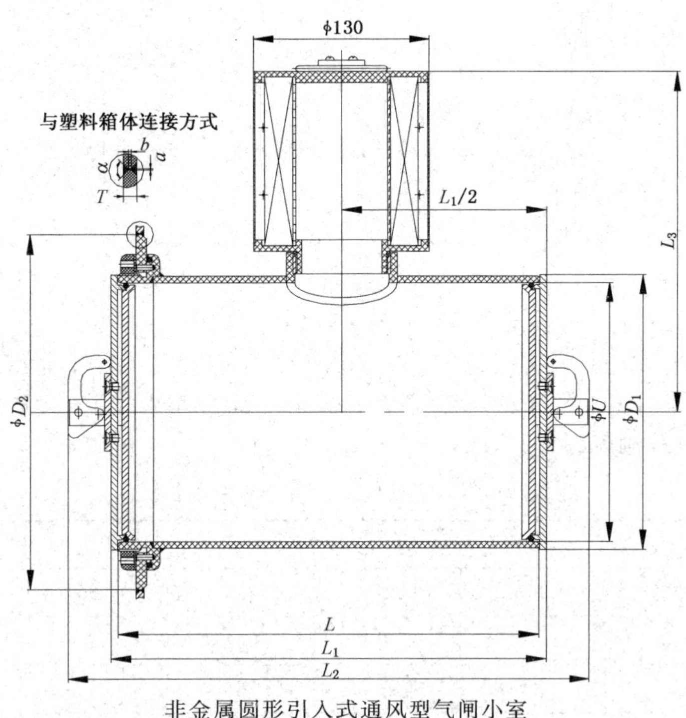

非金属圆形引入式通风型气闸小室

标记示例 1：

有效直径 U 为 156 mm，箱壁厚度 T 为 8 mm 的硬聚氯乙烯制的引入式通风型气闸小室：

引入式通风型气闸小室 156N(PVC)×8　EJ/T 1175.3 YS 007

非金属圆形引入式通风型气闸小室系列参数表　　单位：mm

有效直径 U	L	L_1	L_2	L_3	D_1	箱体开孔直径 D_2
156	250	260	326	240	170	240
200	300	310	376	262	215	285
254	350	360	426	289	270	344
300	450	460	526	312	316	386

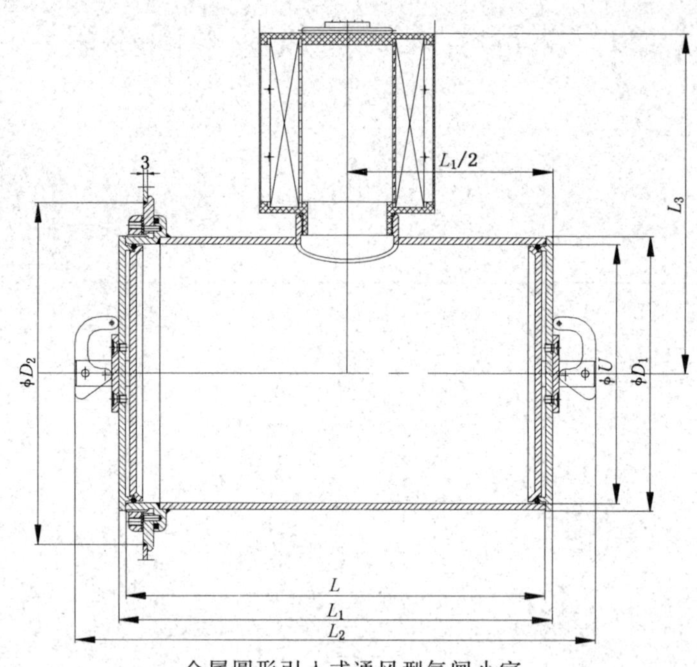

金属圆形引入式通风型气闸小室

标记示例 2：

有效直径 U 为 156 mm，箱壁厚度 T 为 3 mm 的不锈钢制的引入式通风型气闸小室：

引入式通风型气闸小室 156M(SS)×3　EJ/T 1175.3 YS 007

金属圆形引入式通风型气闸小室系列参数表

单位：mm

有效直径 U	L	L_1	L_2	L_3	D_1	箱体开孔直径 D_2
156	250	260	326	240	166	230
200	300	310	376	262	210	275
254	350	360	426	289	264	334
300	450	460	526	312	310	376

技术说明：

1. 圆形引入式普通型气闸小室和通风型气闸小室可用不锈钢(SS)、铝合金(A)等金属材料(代号 M)或 PVC、PMMA、PC 等工程塑料(代号 N)制造，选用时用代号注明。

2. 非金属圆形引入式普通型气闸小室焊条采用聚氯乙烯焊条。焊条一般为圆形，有单焊条和双焊条之分，一般焊枪所用的焊条如下表所示：

焊条直径的选择

单位：mm

板厚	单焊条直径	板厚	双焊条直径*
0～5	2～2.5	＜8	1.5～2
6～15	2.5～8	＞8	2.5
＞16	3～3.5		

* 两焊条的中心距离

3. 非金属焊接手套接盘的采用X形对接焊缝，如局部放大图所示。具体参数如下表所示：

焊缝结构

焊缝名称	示图	尺寸			角度	应用说明
		S(mm)	a(mm)	b(mm)	α(°)	
X形 对接焊缝	α S b a	5～10	0.5～1	1	90	适用于 S>5 mm 板材的对接
		10～20	1	1～1.5	70～80	
		20～25	1	1～1.5	60～70	

焊缝质量检查，通常采用目测法和试漏法：

1）目测法：

——焊缝表面要平整，不得有波纹及焊条发毛现象；

——焊条排列要紧密，不得有重叠和空隙；

——焊条必须充分熔融（两边有翻浆），但不允许有分解烧焦现象。

2）试漏法：

由于煤油渗透力强，通常采用煤油检漏法。先在焊缝背面涂石灰水，而后在正面涂煤油。当焊缝质量不好时，煤油就会渗透到背面，在石灰上显出痕迹。

4. 金属圆形引入式普通型气闸小室采用氩弧焊，焊丝钢号推荐采用H0Cr21Ni10Ti（YB/T 5091）；焊缝结构如图示，焊缝可按JB/T 4730.5—2005着色渗透检测，Ⅰ级合格。

供应商：中国原子能科学研究院实验工厂
邮编：102413
电话：010-69357656
传真：010-69357656
Email：ciaegongchang@163.com
地址：北京市房山区新镇

供应商：秦皇岛核风设备有限公司
邮编：066200
电话：0335-5032334
传真：0335-5031178
Email：shg404@163.com
地址：河北省山海关217信箱

25. 圆形引入式真空型气闸小室

EJ/T 1175.3 图 9 c)左	EJ/T 1175.3 YS 008

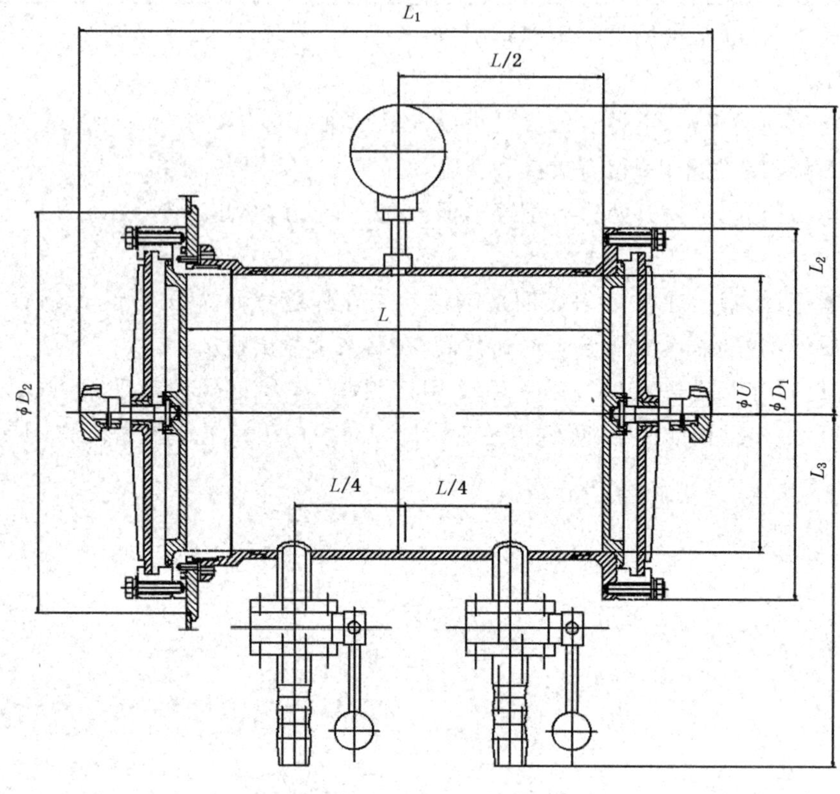

真空口DN15　　　惰性气体入口DN15

标记示例：

有效直径 U 为 200 mm，箱壁厚度 T 为 3 mm 的不锈钢制的引入式真空型气闸小室：

引入式真空气闸小室 200×3　EJ/T 1175.3 YS 008

圆形引入式真空型气闸小室系列参数表　　单位：mm

有效直径 U	L	L_1	L_2	L_3	D_1	箱体开孔直径 D_2
200	300	480	218	256	270	290
254	350	530	245	283	324	344
300	450	630	268	306	370	390

技术说明：

1. 圆形引入式真空型气闸小室只用不锈钢(SS)制造。
2. 密封性分级：1 级 。
3. 气闸室上的真空表及管道的方位由订货方提出要求。
4. 气闸室内表面及箱体上的门的外表面抛光至 Ra0.8。

供应商：中国原子能科学研究院实验工厂
邮编：102413
电话：010-69357656
传真：010-69357656
Email：ciaegongchang@163.com
地址：北京市房山区新镇

供应商：秦皇岛核风设备有限公司
邮编：066200
电话：0335-5032334
传真：0335-5031178
Email：shg404@163.com
地址：河北省山海关 217 信箱

26. 圆形通道式普通型气闸小室

EJ/T 1175.3 图 9 a)中	EJ/T 1175.3 YS 009

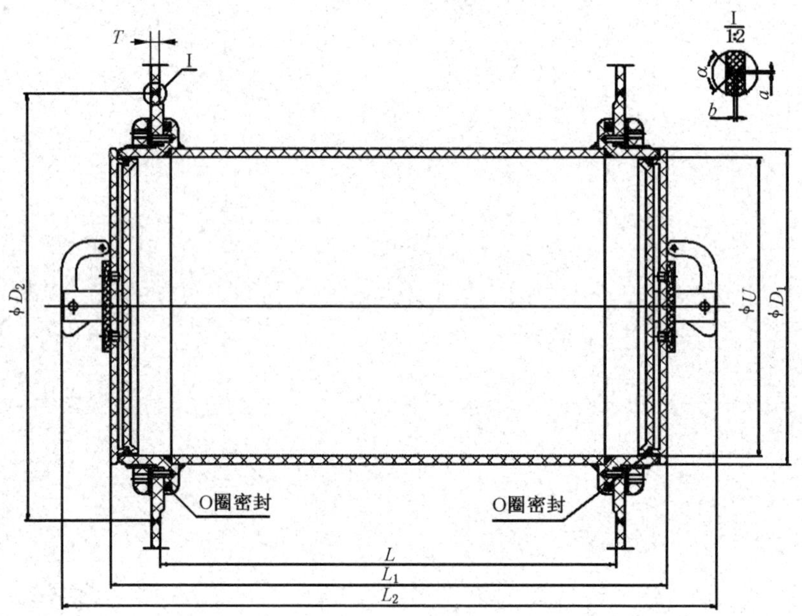

标记示例 1：

有效直径 U 为 156 mm，箱壁厚度 T 为 8 mm 的硬聚氯乙烯制的通道式普通型气闸小室：

通道式气闸小室 156N(PVC)×8　EJ/T 1175.3 YS 009

非金属圆形通道式普通型气闸小室系列参数表　　单位：mm

有效直径 U	L	L_1	L_2	D_1	箱体开孔直径 D_2
156	250	300	366	170	240
200	300	350	416	215	285
254	350	400	466	270	344
300	450	500	566	316	386

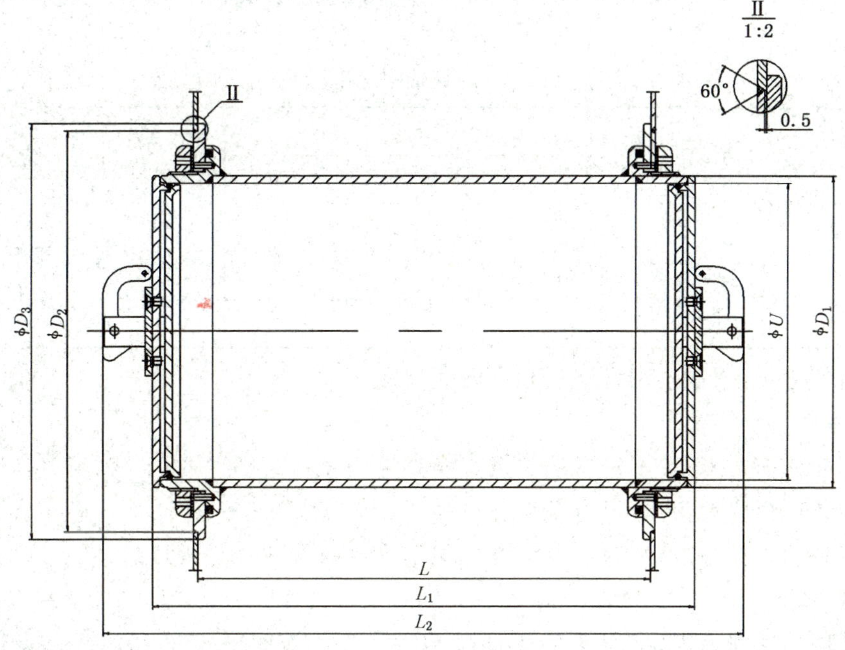

标记示例 2：

有效直径 U 为 156 mm，与两侧壁厚均等于 3mm 的不锈钢箱体配用的不锈钢制通道式普通型气闸小室：

通道式气闸小室 156M(SS)×3　EJ/T 1175.3 YS 009

金属圆形通道式普通型气闸小室系列参数表

单位：mm

有效直径 U	L	L_1	L_2	D_1	箱体开孔直径 D_2	D_3
156	250	260	326	166	225	235
200	300	310	376	210	270	280
254	350	360	426	264	320	335
300	450	460	526	310	370	385

技术说明：

1. 圆形通道式普通型气闸小室可用不锈钢(SS)、铝合金(A)等金属材料(代号 M)或 PVC、PMMA、PC 等工程塑料(代号 N)制造，选用时用代号注明。

2. 非金属圆形引入式普通型气闸小室焊条采用聚氯乙烯焊条。焊条一般为圆形，有单焊条和双焊条之分，一般焊枪所用的焊条如下表所示：

焊条直径的选择

单位：mm

板厚	单焊条直径	板厚	双焊条直径*
0～5	2～2.5	<8	1.5～2
6～15	2.5～8	>8	2.5
>16	3～3.5		

* 两焊条的中心距离

3. 非金属焊接手套接盘的采用 X 形对接焊缝，如放大图 Ⅰ 所示。具体参数如下表所示：

焊缝结构

焊缝名称	示图	尺寸			角度 α(°)	应用说明
		S(mm)	a(mm)	b(mm)		
X 形对接焊缝		5～10	0.5～1	1	90	适用于 S>5 mm 板材的对接
		10～20	1	1～1.5	70～80	
		20～25	1	1～1.5	60～70	

焊缝质量检查，通常采用目测法和试漏法：

1）目测法：

——焊缝表面要平整，不得有波纹及焊条发毛现象；

——焊条排列要紧密，不得有重叠和空隙；

——焊条必须充分熔融（两边有翻浆），但不允许有分解烧焦现象。

2）试漏法：

由于煤油渗透能力强，通常采用煤油检漏法。先在焊缝背面涂石灰水，而后在正面涂煤油。当焊缝质量不好时，煤油就会渗透到背面，在石灰上显出痕迹。

4. 金属圆形引入式普通型气闸小室采用氩弧焊，焊丝钢号推荐采用 H0Cr21Ni10Ti（YB/T 5091）；焊缝结构如放大图 Ⅱ 所示，焊缝可按 JB/T 4730.5—2005 着色渗透检测，Ⅰ级为合格。

供应商：中国原子能科学研究院实验工厂
邮编：102413
电话：010-69357656
传真：010-69357656
Email：ciaegongchang@163.com
地址：北京市房山区新镇

供应商：秦皇岛核风设备有限公司
邮编：066200
电话：0335-5032334
传真：0335-5031178
Email：shg404@163.com
地址：河北省山海关 217 信箱

27. 圆形通道式通风型气闸小室

EJ/T 1175.3 图 9 b)中	EJ/T 1175.3 YS 010

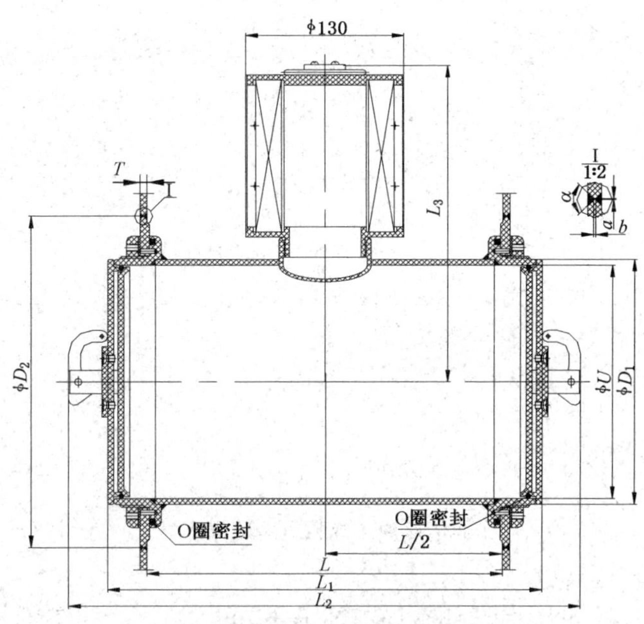

非金属圆形通道式通风型气闸小室

标记示例 1：

有效直径 U 为 156 mm，箱壁厚度 T 为 8 mm 的硬聚氯乙烯制的通道式通风型气闸小室：

通道式通风型气闸小室 156N(PVC)×8 EJ/T 1175.3 YS 010

非金属圆形通道式通风型气闸小室系列参数表

单位：mm

有效直径 U	L	L_1	L_2	L_3	D_1	箱体开孔直径 D_2
156	250	300	366	240	170	240
200	300	350	416	262	215	285
254	350	400	466	289	270	344
300	450	500	566	312	316	386

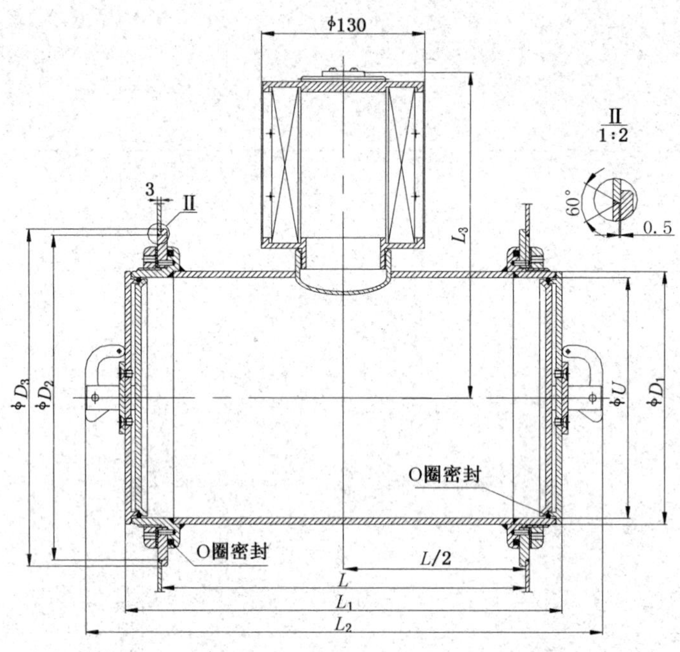

金属圆形通道式通风型气闸小室

标记示例 2：

有效直径 U 为 156 mm，与两侧壁厚均等于 3 mm 的不锈钢箱体配用的不锈钢制通道式通风型气闸小室：

通道式通风型气闸小室 156M(SS)×3　EJ/T 1175.3 YS 010

金属圆形通道式通风型气闸小室系列参数表　单位：mm

有效直径 U	L	L_1	L_2	L_3	D_1	箱体开孔直径 D_2	D_3
156	250	260	326	240	166	225	235
200	300	310	376	262	210	270	280
254	350	360	426	289	264	320	335
300	450	460	526	312	310	370	385

技术说明：

1. 金属圆形通道式通风型气闸小室可用不锈钢(SS)、铝合金(A)等金属材料(代号 M)或 PVC、PMMA、PC 等工程塑料(代号 N)制造，选用时用代号注明。

2. 非金属圆形通道式通风型气闸小室焊条采用聚氯乙烯焊条。焊条一般为圆形，有单焊条和双焊条之分，一般焊枪所用的焊条如下表所示：

焊条直径的选择 单位：mm

板厚	单焊条直径	板厚	双焊条直径*
0～5	2～2.5	<8	1.5～2
6～15	2.5～8	>8	2.5
>16	3～3.5		
* 两焊条的中心距离			

3. 非金属焊接手套接盘的采用X形对接焊缝，如放大图Ⅰ所示。具体参数如下表所示：

焊缝结构

焊缝名称	示图	尺寸			角度 α(°)	应用说明
		S(mm)	a(mm)	b(mm)		
X形对接焊缝		5～10	0.5～1	1	90	适用于 S>5 mm 板材的对接
		10～20	1	1～1.5	70～80	
		20～25	1	1～1.5	60～70	

焊缝质量检查，通常采用目测法和试漏法：

1）目测法：

——焊缝表面要平整，不得有波纹及焊条发毛现象；

——焊条排列要紧密，不得有重叠和空隙；

——焊条必须充分熔融（两边有翻浆），但不允许有分解烧焦现象。

2）试漏法：

由于煤油渗透能力强，通常采用煤油检漏法。先在焊缝背面涂石灰水，而后在正面涂煤油。当焊缝质量不好时，煤油就会渗透到背面，在石灰上显出痕迹。

4. 金属圆形引入式普通型气闸小室采用氩弧焊，焊丝钢号推荐采用H0Cr21Ni10Ti（YB/T 5091）；焊缝结构如放大图Ⅱ所示，焊缝可按JB/T 4730.5—2005着色渗透检测，Ⅰ级为合格。

供应商：中国原子能科学研究院实验工厂
邮编：102413
电话：010-69357656
传真：010-69357656
Email：ciaegongchang@163.com
地址：北京市房山区新镇

供应商：秦皇岛核风设备有限公司
邮编：066200
电话：0335-5032334
传真：0335-5031178
Email：shg404@163.com
地址：河北省山海关217信箱

28. 圆形通道式真空型气闸小室

EJ/T 1175.3 图 9 c)中		EJ/T 1175.3 YS 011

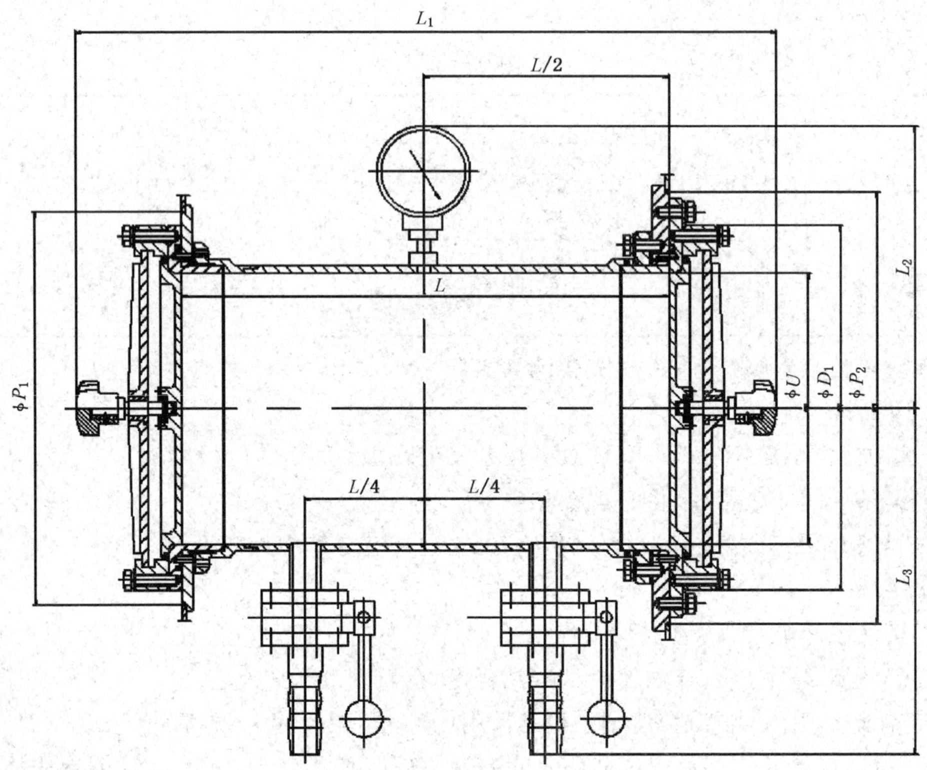

标记示例：

有效直径 U 为 200 mm，箱壁厚度 T 为 3 mm 的不锈钢制的通道式真空型气闸小室：

通道式真空型气闸小室 200×3　EJ/T 1175.3 YS 011

圆形通道式真空型气闸小室系列参数表　　单位：mm

有效直径 U	L	L_1	L_2	L_3	D_1	箱体开孔直径	
						P_1	P_2
200	310	490	218	256	270	290	300
254	360	540	245	283	324	344	354
300	460	640	268	306	370	390	400

技术说明：

1. 圆形通道式真空型气闸小室只用不锈钢(SS)制造。
2. 密封性分级：1 级。
3. 气闸室上的真空表及管道的方位由订货方提出要求。
4. 气闸室内表面及箱体上的门的外表面抛光至 Ra0.8。

供应商：中国原子能科学研究院实验工厂
邮编：102413
电话：010-69357656
传真：010-69357656
Email：ciaegongchang@163.com
地址：北京市房山区新镇

供应商：秦皇岛核风设备有限公司
邮编：066200
电话：0335-5032334
传真：0335-5031178
Email：shg404@163.com
地址：河北省山海关 217 信箱

29. 圆形转运及引入式普通型气闸小室

EJ/T 1175.3 图 9 a)右		EJ/T 1175.3 YS 012

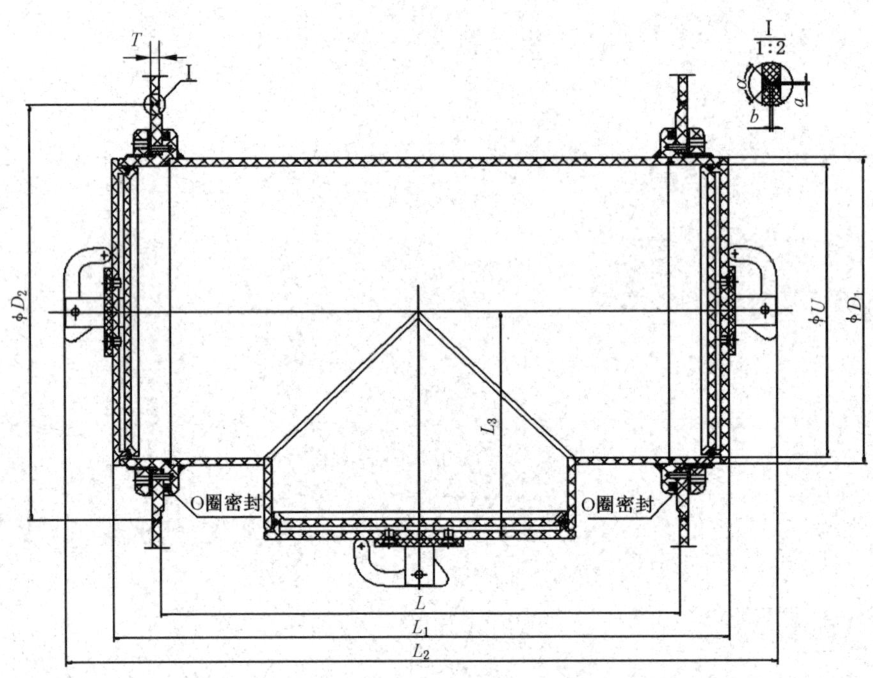

标记示例 1：

有效直径 U 为 156 mm，双侧箱壁厚度 T 均为 8 mm 的硬聚氯乙烯制的圆形转运及引入式普通型气闸小室：

转运及引入式气闸小室 156N(PVC)×8　EJ/T 1175.3 YS 012

非金属圆形转运及引入式普通型气闸小室系列参数表

单位：mm

有效直径 U	L	L_1	L_2	L_3	D_1	箱体开孔直径 D_2
156	250	300	366	128	170	240
200	300	350	416	150	215	285
254	350	400	466	178	270	344
300	450	500	566	200	316	386

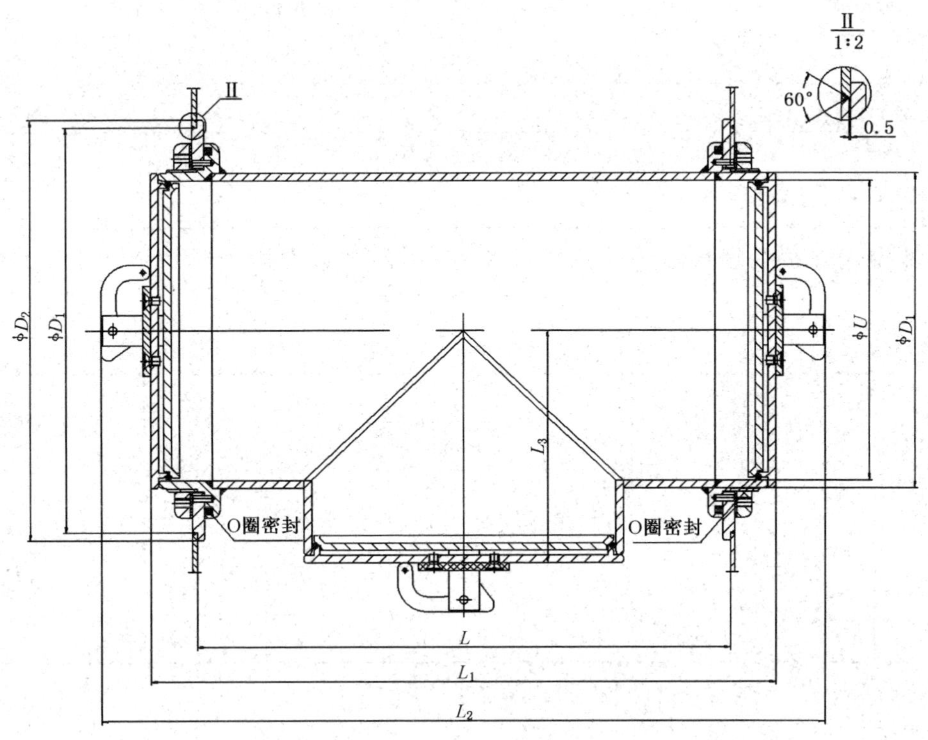

标记示例 2：

有效直径 U 为 156 mm，与两侧壁厚均等于 3 mm 的不锈钢箱体配用的不锈钢制式转运及引入式普通型气闸小室：

转运及引入式气闸小室 156M(SS)×3　EJ/T 1175.3 YS 012

金属圆形转运及引入式普通型气闸小室系列参数表　　单位：mm

有效直径 U	L	L_1	L_2	L_3	D_1	箱体开孔直径 D_2	D_3
156	250	260	326	128	166	225	235
200	300	310	376	150	210	270	280
254	350	360	426	178	264	320	335
300	450	460	526	200	310	370	385

技术说明：

1. 圆形转运及引入式普通型气闸小室可用不锈钢(SS)、铝合金(A)等金属材料(代号M)或 PVC、PMMA、PC 等工程塑料(代号 N)制造，选用时用代号注明。

2. 非金属圆形转运及引入式普通型气闸小室焊条采用聚氯乙烯焊条。焊条一般为圆形，有单焊条和双焊条之分，一般焊枪所用的焊条如下表所示：

焊条直径的选择　　　　单位:mm

板厚	单焊条直径	板厚	双焊条直径*
0～5	2～2.5	<8	1.5～2
6～15	2.5～8	>8	2.5
>16	3～3.5		
* 两焊条的中心距离			

3. 非金属焊接手套接盘的采用 X 形对接焊缝,如放大图 Ⅰ 所示。具体参数如下表所示:

焊缝结构

焊缝名称	示图	尺寸			角度	应用说明
		S(mm)	a(mm)	b(mm)	α(°)	
X 形对接焊缝		S	a	b	α	适用于 $S>5$ mm 板材的对接
		5～10	0.5～1	1	90	
		10～20	1	1～1.5	70～80	
		20～25	1	1～1.5	60～70	

焊缝质量检查,通常采用目测法和试漏法:

1) 目测法:

——焊缝表面要平整,不得有波纹及焊条发毛现象;

——焊条排列要紧密,不得有重叠和空隙;

——焊条必须充分熔融(两边有翻浆),但不允许有分解烧焦现象。

2) 试漏法:

由于煤油渗透能力强,通常采用煤油检漏法。先在焊缝背面涂石灰水,而后在正面涂煤油。当焊缝质量不好时,煤油就会渗透到背面,在石灰上显出痕迹。

4. 金属圆形引入式普通型气闸小室采用氩弧焊,焊丝钢号推荐采用 H0Cr21Ni10Ti (YB/T 5091);焊缝结构如放大图Ⅱ所示,焊缝可按 JB/T 4730.5—2005 着色渗透检测,Ⅰ级为合格。

供应商:中国原子能科学研究院实验工厂
邮编:102413
电话:010-69357656
传真:010-69357656
Email:ciaegongchang@163.com
地址:北京市房山区新镇

供应商:秦皇岛核风设备有限公司
邮编:066200
电话:0335-5032334
传真:0335-5031178
Email:shg404@163.com
地址:河北省山海关 217 信箱

30. 圆形转运及引入式通风型气闸小室

EJ/T 1175.3
图 9 b)右

EJ/T 1175.3
YS 013

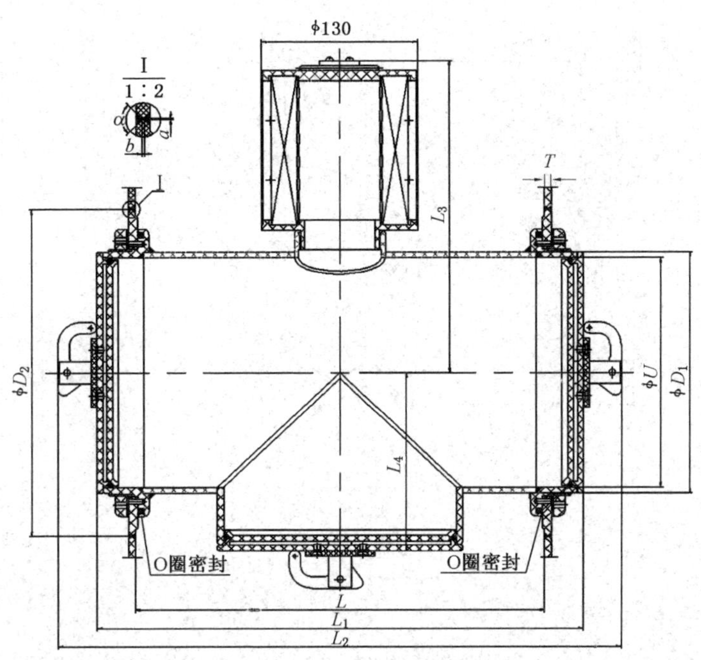

标记示例 1：

有效直径 U 为 156 mm，箱壁厚度 T 为 8 mm 的硬聚氯乙烯制的转运及引入式通风型气闸小室：

转运及引入式通风型气闸小室：156N(PVC)×8　EJ/T 1175.3 YS 013

非金属圆形转运及引入式通风型气闸小室系列参数表　　单位：mm

有效直径 U	L	L_1	L_2	L_3	L_4	D_1	箱体开孔直径 D_2
156	250	300	366	240	133	170	240
200	300	350	416	262	155	215	285
254	350	400	466	289	182	270	344
300	450	500	566	312	205	316	386

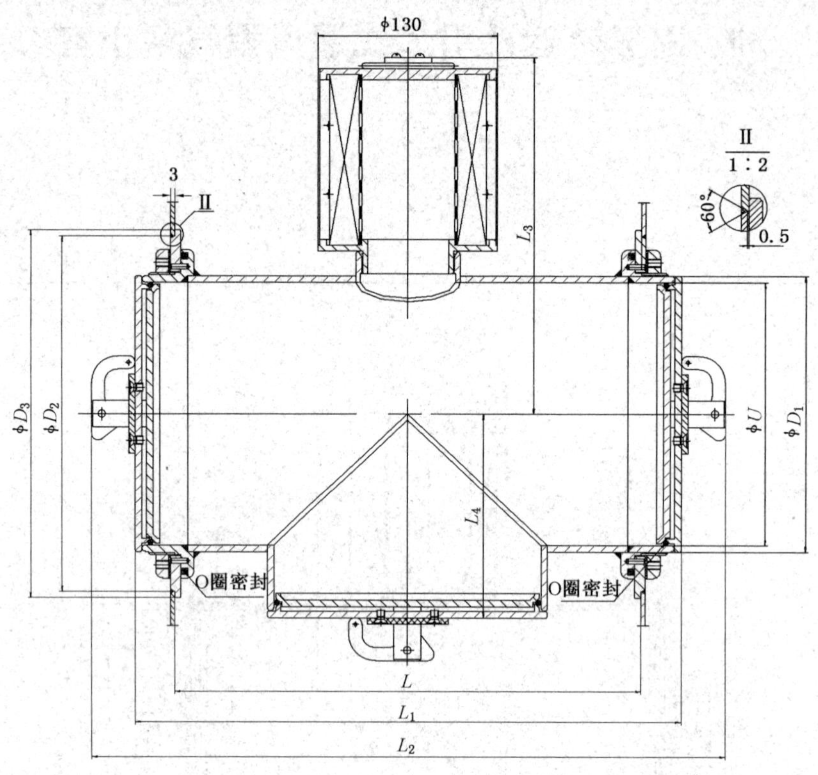

标记示例 2：

有效直径 U 为 156 mm，与两侧壁厚均等于 3 mm 的不锈钢箱体配用的不锈钢制转运及引入式通风型气闸小室：

转运及引入式通风型气闸小室 156M(SS)×3　EJ/T 1175.3 YS 013

金属圆形转运及引入式通风型气闸小室系列参数表　　单位：mm

有效直径 U	L	L_1	L_2	L_3	L_4	D_1	箱体开孔直径 D_2	D_3
156	250	260	326	240	133	166	225	235
200	300	310	376	262	155	210	270	280
254	350	360	426	289	182	264	320	335
300	450	460	526	312	205	310	370	385

技术说明：

1. 金属圆形转运及引入式通风型气闸小室可用不锈钢(SS)、铝合金(A)等金属材料(代号 M)或 PVC、PMMA、PC 等工程塑料(代号 N)制造，选用时用代号注明。

2. 非金属圆形转运及引入式通风型气闸小室焊条采用聚氯乙烯焊条。焊条一般为圆形，有单焊条和双焊条之分，一般焊枪所用的焊条如下表所示：

焊条直径的选择

单位：mm

板厚	单焊条直径	板厚	双焊条直径*
0～5	2～2.5	<8	1.5～2
6～15	2.5～8	>8	2.5
>16	3～3.5		
* 两焊条的中心距离			

3. 非金属焊接手套接盘的采用 X 形对接焊缝，如放大图 Ⅰ 所示。具体参数如下表所示：

焊缝结构

焊缝名称	示图	尺寸			角度	应用说明
		S(mm)	a(mm)	b(mm)	α(°)	
X 形对接焊缝	α, S, b, a	5～10	0.5～1	1	90	适用于 $S>5$ mm 板材的对接
		10～20	1	1～1.5	70～80	
		20～25	1	1～1.5	60～70	

焊缝质量检查，通常采用目测法和试漏法：

1) 目测法：

——焊缝表面要平整，不得有波纹及焊条发毛现象；

——焊条排列要紧密，不得有重叠和空隙；

——焊条必须充分熔融(两边有翻浆)，但不允许有分解烧焦现象。

2) 试漏法：

由于煤油渗透力强，通常采用煤油检漏法。先在焊缝背面涂石灰水，而后在正面涂煤油。当焊缝质量不好时，煤油就会渗透到背面，在石灰上显出痕迹。

4. 金属圆形转运及引入式通风型气闸小室采用氩弧焊，焊丝钢号推荐采用 H0Cr21Ni10Ti (YB/T 5091)；焊缝结构如局部视图Ⅱ所示，焊缝可按 JB/T 4730.5—2005 着色渗透检测，Ⅰ级合格。

供应商：中国原子能科学研究院实验工厂
邮编：102413
电话：010-69357656
传真：010-69357656
Email：ciaegongchang@163.com
地址：北京市房山区新镇

供应商：秦皇岛核风设备有限公司
邮编：066200
电话：0335-5032334
传真：0335-5031178
Email：shg404@163.com
地址：河北省山海关 217 信箱

31. 圆形转运及引入式真空型气闸小室

EJ/T 1175.3 图 9 c)右	EJ/T 1175.3 YS 014

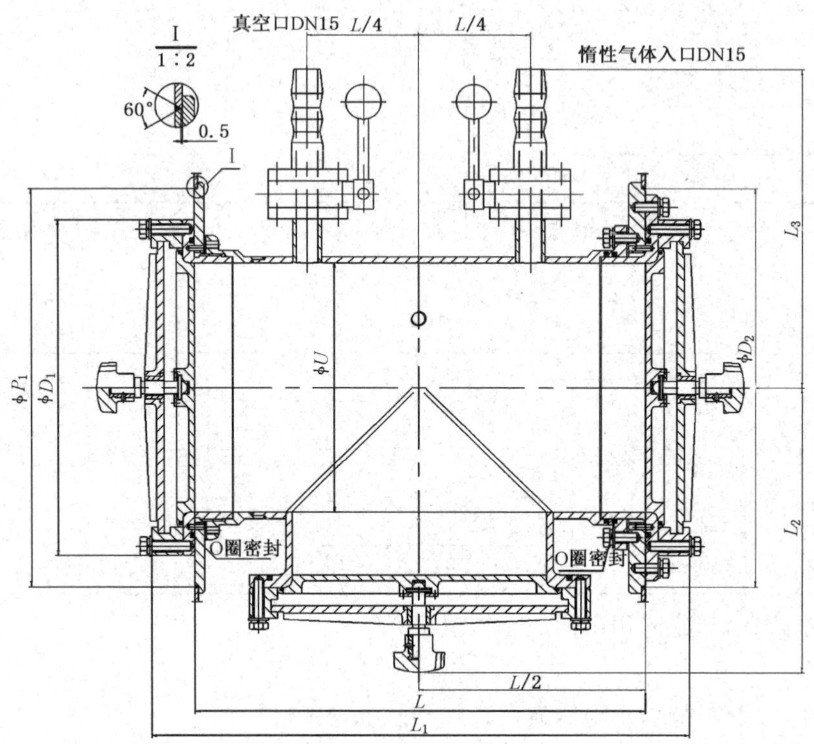

标记示例 1：

有效直径 U 为 200 mm，箱壁厚度 T 为 3 mm 的不锈钢制的转运及引入式真空型气闸小室：

转运及引入式真空型气闸小室 200×3 EJ/T 1175.3 YS 014

圆形转运及引入式真空型气闸小室系列参数表 单位：mm

有效直径 U	L	L_1	L_2	L_3	D_1	箱体开孔直径	
						P_1	P_2
200	310	490	228	256	270	290	300
254	360	540	255	283	324	344	354
300	460	640	278	306	370	390	400

技术说明：

1. 圆形转运及引入式真空型气闸小室只用不锈钢(SS)制造。
2. 密封性分级：1 级。
3. 气闸室上的真空表、管道及引入口的方位由订货方提出要求。
4. 气闸室内表面及箱体上的门的外表面抛光至 Ra0.8。

供应商：中国原子能科学研究院实验工厂
邮编：102413
电话：010-69357656
传真：010-69357656
Email：ciaegongchang@163.com
地址：北京市房山区新镇

供应商：秦皇岛核风设备有限公司
邮编：066200
电话：0335-5032334
传真：0335-5031178
Email：shg404@163.com
地址：河北省山海关 217 信箱

32. 矩形引入式普通型气闸小室

EJ/T 1175.3
图 12 a) 表 9

EJ/T 1175.3
YS 015

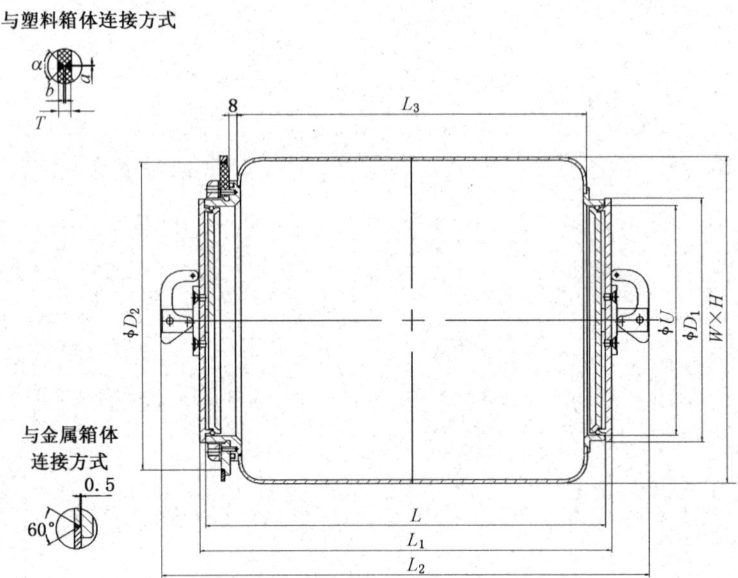

标记示例 1：

截面尺寸 $W\times H$＝190 mm×200 mm、长度 L_3＝370 mm，进出口门有效直径 U 为 156 mm，与箱壁厚度 T 为 8 mm 的硬聚氯乙烯制箱体配用的不锈钢制矩形引入式普通型气闸小室：

矩形引入式气闸小室 190×200×370 156N(PVC)×8　EJ/T 1175.3 YS 015

标记示例 2：

截面尺寸 $W\times H$＝190 mm×200 mm、长度 L_3＝370 mm，进出口门有效直径 U 为 156 mm，与箱壁厚度 T 为 3 mm 的不锈钢制箱体配用的不锈钢制矩形引入式普通型气闸小室：

矩形引入式气闸小室 190×200×370 156M(SS)×3　EJ/T 1175.3 YS 015

矩形引入式普通型气闸小室系列参数表　　单位:mm

U	$W \times H$	L_3	L	L_1	L_2	D_1	箱体开孔直径 D_2
156	190×200	370	415	426	492	170	240
200	240×260	370	415	426	492	215	285
254	300×300	450	495	506	572	270	344

技术说明:

1. 矩形引入式普通型气闸小室仅用不锈钢(SS)制造,但可与金属箱体(代号 M、SS 或 CS)或塑料箱体(代号 N)配用,选用时用代号注明。

2. 与塑料箱体或不锈钢箱体焊接时的技术要求可参见 EJ/T 1175.1 YS 002 及 YS 003 的技术说明。

3. 本型气闸小室的主体结构与圆形引入式普通型气闸小室(EJ/T 1175.3 YS 006)基本相同,仅通道体形状不同。订货方可比照此例,选择与圆形引入式通风型气闸小室(EJ/T 1175.3 YS 007)、圆形通道式普通型气闸小室(EJ/T 1175.3 YS 009)、圆形通道式通风型气闸小室(EJ/T 1175.3 YS 010)、圆形转运及引入式普通型气闸小室(EJ/T 1175.3 YS 012)、圆形转运及引入式通风型气闸小室(EJ/T 1175.3 YS 013)对应的矩形气闸小室。

供应商:中国原子能科学研究院实验工厂
邮编:102413
电话:010-69357656
传真:010-69357656
Email:ciaegongchang@163.com
地址:北京市房山区新镇

供应商:秦皇岛核风设备有限公司
邮编:066200
电话:0335-5032334
传真:0335-5031178
Email:shg404@163.com
地址:河北省山海关 217 信箱

33. 矩形密封门

EJ/T 1175.3

EJ/T 1175.3
YS 016

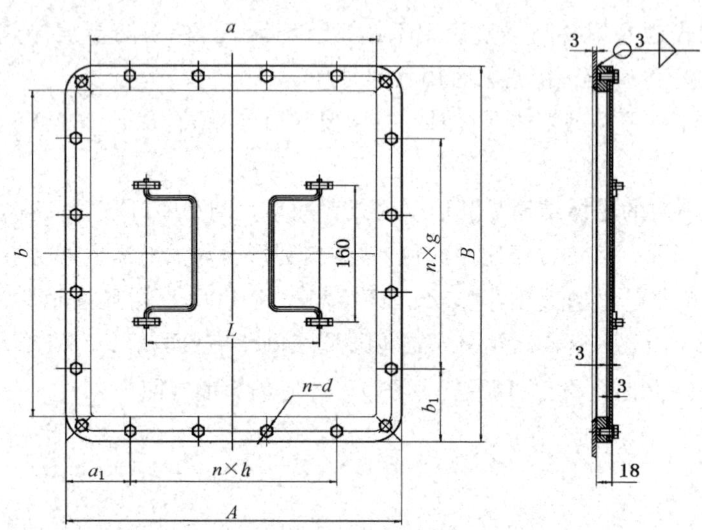

标记示例：

门板尺寸 $A \times B$ 为 390 mm×440 mm 的不锈钢矩形密封门：

矩形密封门 390×440(SS)　EJ/T 1175.3 YS 016

尺寸表　　单位：mm

$A \times B$	a	b	L	a_1	b_1	$n \times h$	$n \times g$	$n \times d$	重量(kg)
390×440	342	392	200	75	85	3×80	3×90	20—ϕ10	～9
440×540	392	492	250	85	90	3×90	4×90	22—ϕ10	～12
490×590	442	542	300	95	95	3×100	4×100	22—ϕ10	～15
640×1290	592	1242	350	95	105	5×90	12×90	42—ϕ10	～25

技术说明：

1. 本型密封门可用于密封性分级为 2～4 级的密封箱室。
2. 本型密封门可用不锈钢(SS)和碳钢(CS)制造，选用时用代号注明。

供应商：秦皇岛核风设备有限公司
邮编：066200
电话：0335-5032334
传真：0335-5031178
Email：shg404@163.com
地址：河北省山海关 217 信箱

供应商：中国原子能科学研究院实验工厂
邮编：102413
电话：010-69357656
传真：010-69357656
Email：ciaegongchang@163.com
地址：北京市房山区新镇

34. 单开屏蔽门

EJ/T 1175.3 5.2

EJ/T 1175.3 YS 017

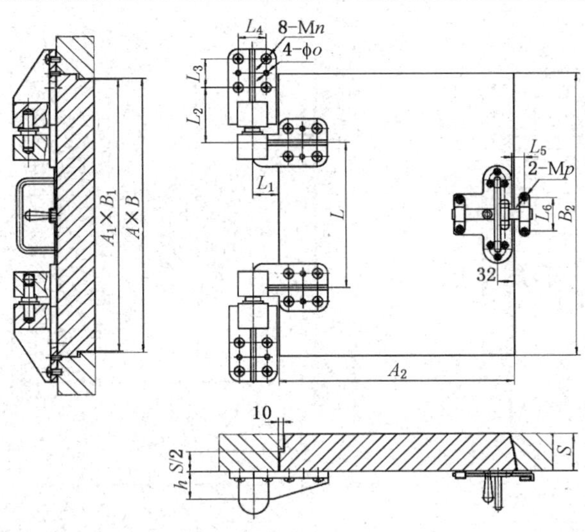

标记示例：

屏蔽厚度 S=25 mm、门洞尺寸 $A \times B$=400 mm×450 mm 的单开屏蔽门：

单开屏蔽门 400×450×25　EJ/T 1175.3 YS 017

尺寸表　　　　单位：mm

S	$A \times B$	A_1	B_1	A_2	B_2	L	L_1	L_2	L_3	L_4	L_5	L_6	h	n	o	p	重量(kg)
25	400×450	396	446	416	466	190	42	82	48	48	25	68	28	10	8	8	39
	450×550	446	546	466	566	290	47	89	56	52	25	68	34	12	10	8	58
50	400×450	396	446	425	466	190	47	89	56	52	25	68	34	12	10	8	80
	450×550	446	546	470	566	290	47	89	56	52	25	68	34	12	10	8	105
75	400×450	396	446	435	466	190	52	111	58	56	25	68	42	14	12	8	117
	450×550	446	546	476	566	290	52	111	58	56	25	68	42	14	12	8	168

技术说明：

可根据用户要求提供表格以外的非标产品。

供应商：秦皇岛核风设备有限公司
邮编：066200
电话：0335-5032334
传真：0335-5031178
Email：shg404@163.com
地址：河北省山海关 217 信箱

供应商：中国原子能科学研究院实验工厂
邮编：102413
电话：010-69357656
传真：010-69357656
Email：ciaegongchang@163.com
地址：北京市房山区新镇

35. 双开屏蔽门

EJ/T 1175.3 5.2	EJ/T 1175.3 YS 018

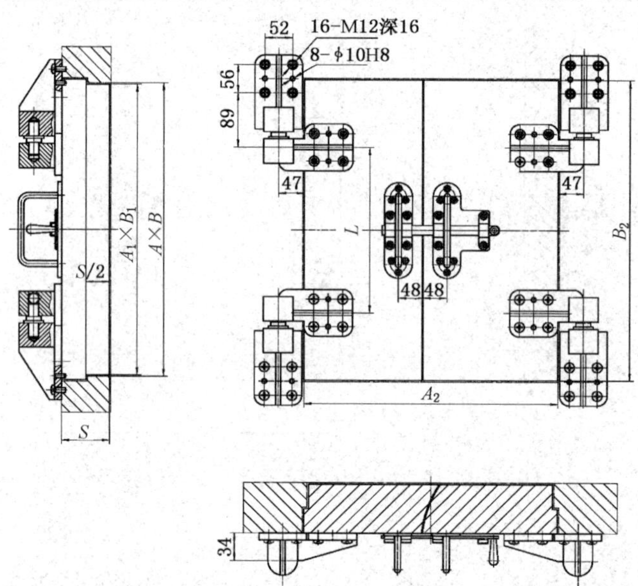

标记示例：

屏蔽厚度为 75 mm、门洞尺寸为 450 mm×550 mm 的双开屏蔽门：

双开屏蔽门 450×550×75　EJ/T 1175.3 YS 018

尺寸表

单位：mm

$A\times B$	A_1	B_1	A_2	B_2	L	重量(kg)	
						$S=75$	$S=100$
450×550	444	544	464	564	288	170	215
500×600	494	594	514	614	338	265	350

技术说明：

1. 可根据用户要求提供表格以外的非标产品。
2. $A_1\times B_1$ 为衬里后的有效开孔尺寸。

供应商：秦皇岛核风设备有限公司
邮编：066200
电话：0335-5032334
传真：0335-5031178
Email：shg404@163. com
地址：河北省山海关 217 信箱

供应商：中国原子能科学研究院实验工厂
邮编：102413
电话：010-69357656
传真：010-69357656
Email：ciaegongchang@163. com
地址：北京市房山区新镇

36. 热室屏蔽门

EJ/T 1175.3 5.2

EJ/T 1175.3 YS 019

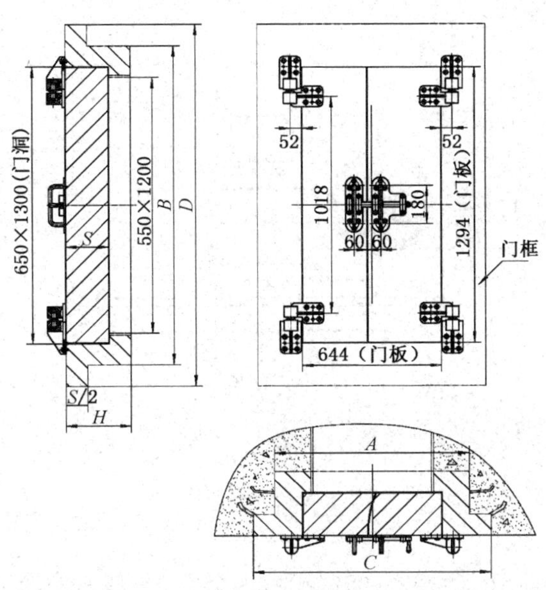

标记示例：

门板厚度 S=200 mm(Fe)的热室屏蔽门：

热室屏蔽门 200(Fe)　EJ/T 1175.3 YS 019

尺寸表

单位：mm

S	$A\times B$	$C\times D$	H	重量(kg)
200	900×1550	1100×1700	300	～3200
250	920×1570	1120×1720	360	～3800
300	940×1590	1140×1740	420	～4800
350	960×1610	1160×1760	480	～5600

技术说明：

订货方可根据屏蔽门所在热室混凝土墙的厚度、密度及放射源能谱核算后选择相当厚度的屏蔽门，供货方据此复核门框的最终尺寸。可根据用户要求提供表格以外尺寸的屏蔽门。

供应商：秦皇岛核风设备有限公司
邮编：066200
电话：0335-5032334
传真：0335-5031178
Email：shg404@163.com
地址：河北省山海关217信箱

供应商：中国原子能科学研究院实验工厂
邮编：102413
电话：010-69357656
传真：010-69357656
Email：ciaegongchang@163.com
地址：北京市房山区新镇

37. 隔膜式负压自动调节装置

EJ/T 1175.4 图 6、7、11

EJ/T 1175.4 YS 001

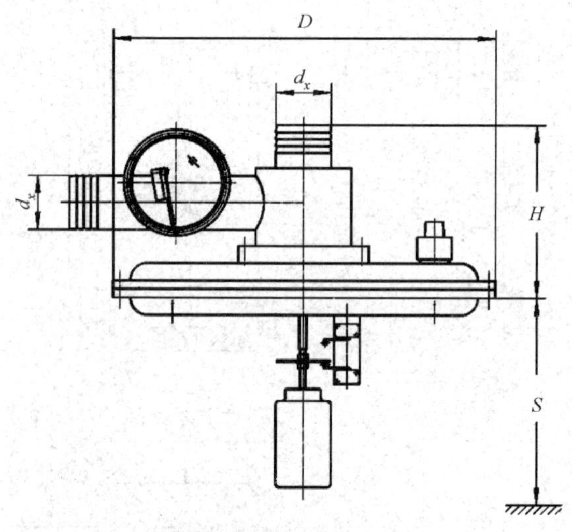

标记示例：

负压风量为 5～15 m^3/h，硬聚氯乙烯制造的隔膜式负压自动调节装置：

负压自动调节装置Ⅰ(PVC)　EJ/T 1175.4 YS 001

隔膜式负压自动调节装置规格参数表

规　格	风量(m^3/h)		D(mm)	H(mm)	d_x(mm)	S(mm)	重量(kg)
	负压	失压					
Ⅰ	5～15	50	ϕ440	200	ϕ63	240	6
Ⅱ	15～80	200	ϕ550	380	ϕ120	280	10
Ⅲ	80～200	500	ϕ720	525	ϕ160	280	16.5

技术说明：

表中隔膜式负压自动调节装置主体材料为硬聚氯乙烯(PVC)塑料，也可用不锈钢(SS)制造，订货时用代号注明。

供应商：秦皇岛核风设备有限公司
邮编：066200
电话：0335-5032334
传真：0335-5031178
Email：shg404@163.com
地址：河北省山海关 217 信箱

供应商：中国原子能科学研究院实验工厂
邮编：102413
电话：010-69357656
传真：010-69357656
Email：ciaegongchang@163.com
地址：北京市房山区新镇

38. 圆筒式可袋封换芯过滤装置(空气净化装置)

EJ/T 1175.4 图 42、43、44	EJ/T 1175.4 YS 002

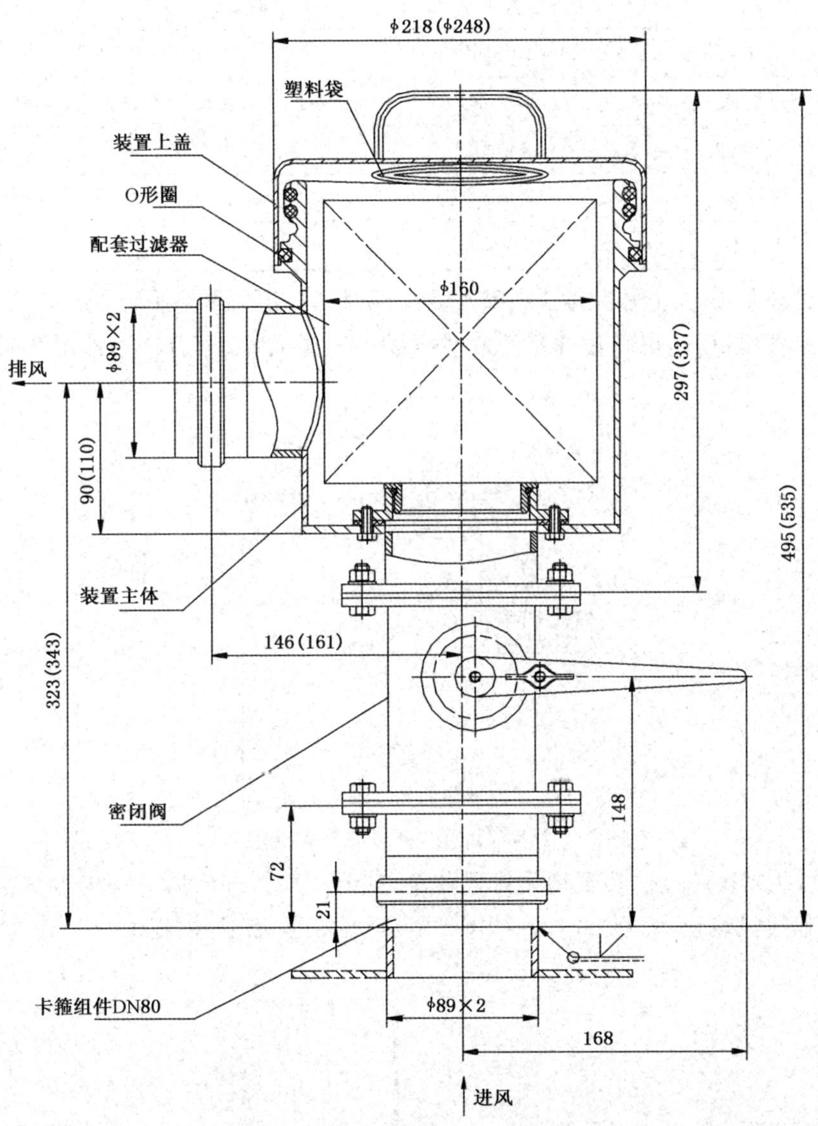

图 1　圆筒式可袋封换芯过滤装置

圆筒式可袋封换芯过滤装置的主要技术特性

<table>
<tr><td colspan="2">工作温度</td><td colspan="6">≤120 ℃</td></tr>
<tr><td colspan="2">主体材质</td><td colspan="6">06Cr19Ni10 不锈钢</td></tr>
<tr><td colspan="2" rowspan="3">设备尺寸</td><td colspan="3">高效 M 及亚高效 J 装置</td><td colspan="3">低效 C 装置</td></tr>
<tr><td>20～65 m³/h</td><td colspan="2">80～100 m³/h</td><td colspan="2">135～400 m³/h</td><td>500～650 m³/h</td></tr>
<tr><td>图 1 所示
括号外尺寸
（代号 RGJ01）</td><td colspan="2">图 1 所示
括号内尺寸
（代号 RGJ02）</td><td colspan="2">图 1 所示
括号外尺寸
（代号 RGJ01）</td><td>图 1 所示
括号内尺寸
（代号 RGJ02）</td></tr>
<tr><td colspan="2">效率代号</td><td colspan="2">高效 M</td><td colspan="2">亚高效 J</td><td colspan="2">低效 C</td></tr>
<tr><td rowspan="5">配套
过滤器</td><td>工作风量</td><td colspan="2">20～100 m³/h</td><td colspan="2">20～100 m³/h</td><td colspan="2">135～650 m³/h</td></tr>
<tr><td>过滤效率</td><td colspan="2">≥99.99%（钠焰法）</td><td colspan="2">≥95%（0.5 μm 计数法）</td><td colspan="2">≥85%（计重法）</td></tr>
<tr><td>初阻力</td><td colspan="2">≤300 Pa</td><td colspan="2">≤230 Pa</td><td colspan="2">≤150 Pa</td></tr>
<tr><td>过滤面积</td><td colspan="2">1 m²</td><td colspan="2">1 m²</td><td colspan="2">0.55 m²</td></tr>
<tr><td>规格</td><td colspan="2">ϕ160×160</td><td colspan="2">ϕ160×160</td><td colspan="2">ϕ160×160</td></tr>
</table>

圆筒式可袋封换芯过滤装置需设置两级过滤时，可在如图 1 所示进风口处密封箱室内串联一级过滤器（依据所串联过滤器的效率等级，代号分别为 M、J、C），如图 2 所示。

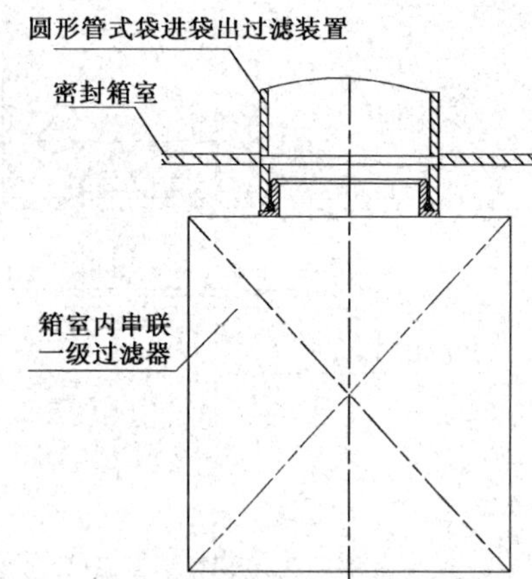

图 2　箱体内置第一级过滤装置连接方式

圆筒式可袋封换芯过滤装置用作排风装置（代号 P）时，进出风口均为卡箍组件结构，如图 1所示；用作进风装置（代号 J）时，在如图 1 所示的排风口部位用如图 3 所示的进风口取代。

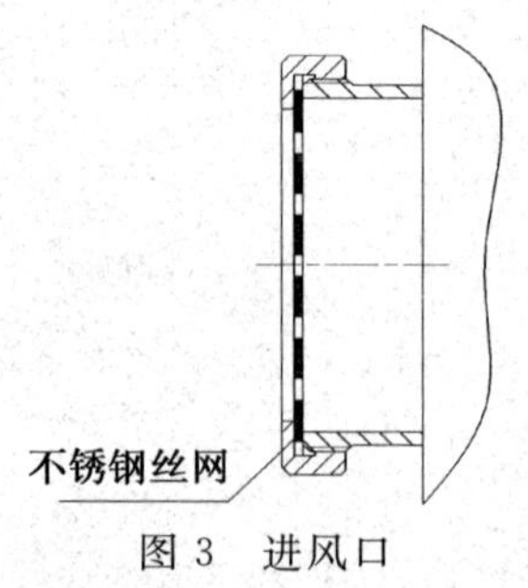

图 3　进风口

依据实际使用条件，排风装置的进出风口及进风装置的进风口与系统风管的连接方式有两种：卡箍连接形式（代号 K）和法兰连接形式（代号 F），如图 4 所示。

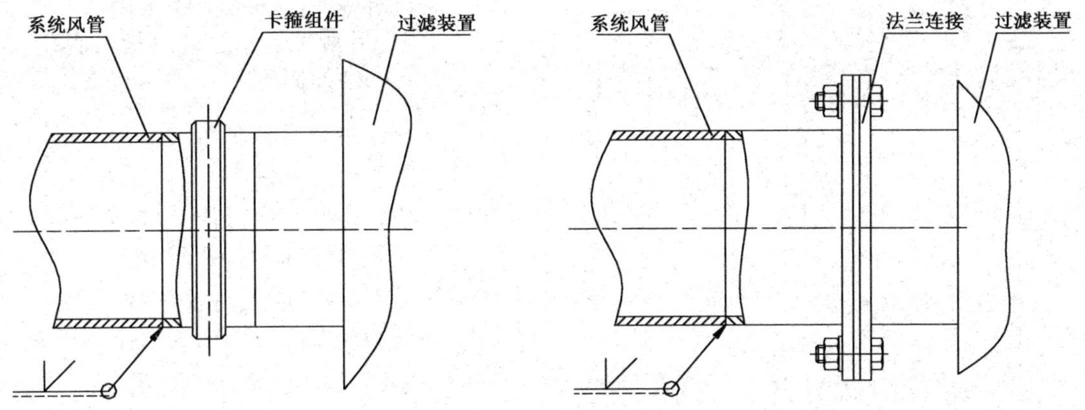

图 4 过滤装置进出风口与系统风管的连接形式

圆筒式可袋封换芯过滤装置有就地操作（代号 N）与远距离操作（代号 L）两种，如图 1 所示为就地操作型。远距离操作选用带有操作杆的远距离操作阀门，对过滤装置风量进行调节，如图 5 所示。

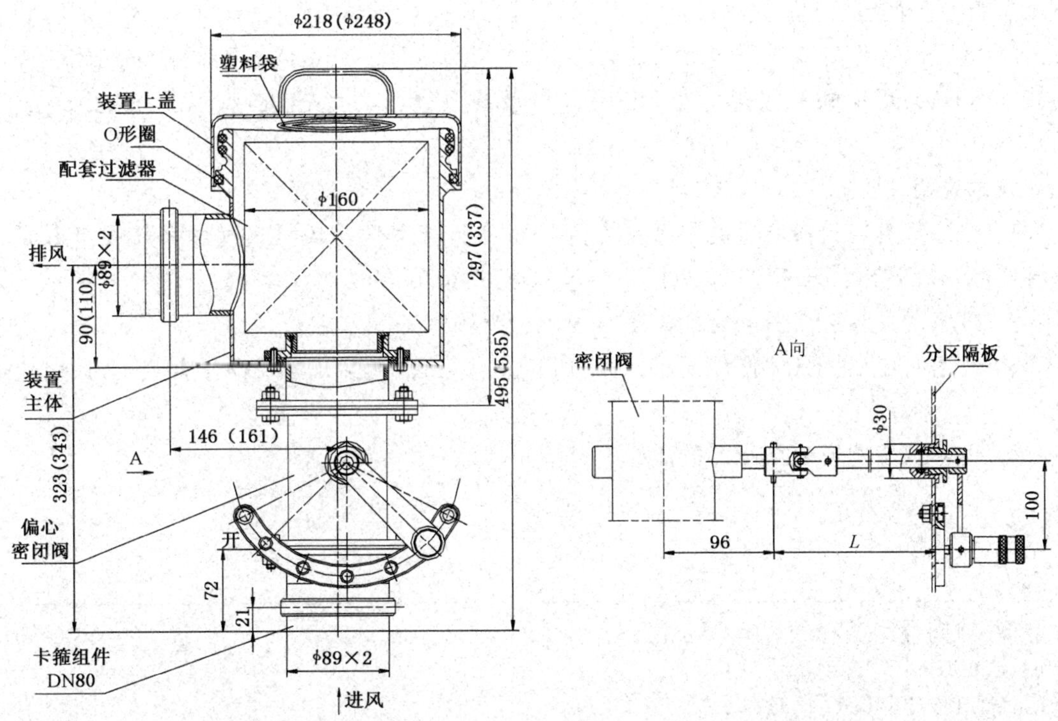

图 5 远距离操作的圆筒式可袋封换芯过滤装置

圆筒式可袋封换芯过滤装置的型号标注：

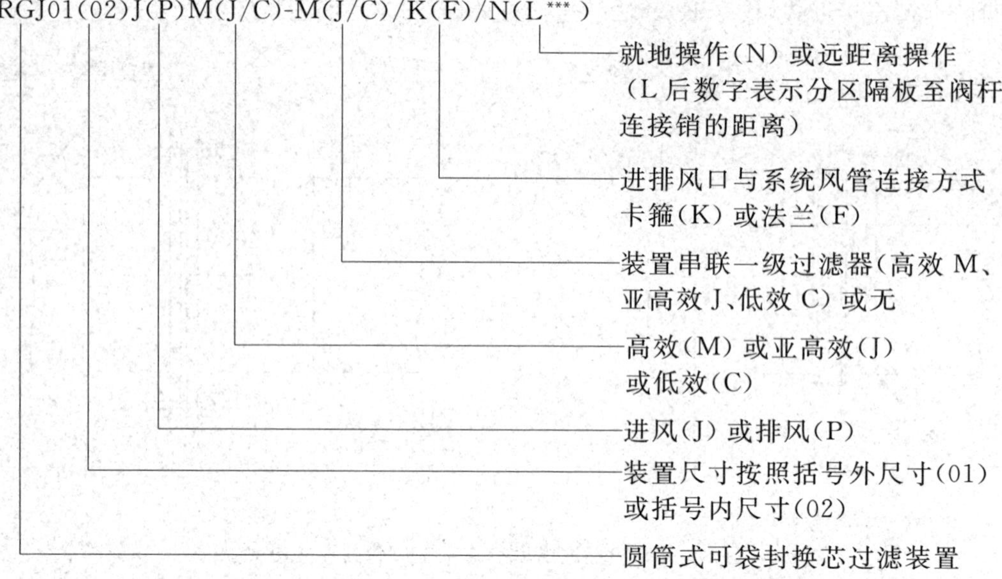

标记示例：

1. 就地操作的高效排风过滤装置，工作风量 20 m³/h，装置不串联过滤器，进排风口与系统风管为卡箍连接，型号为 RGJ01 PM-K/N。

2. 远距离操作低效进风过滤装置，工作风量 500 m³/h，分区隔板至阀杆连接销的距离为1000 mm，装置串联一级过滤器，出风口与系统风管为法兰连接，型号为 RGJ02 JC-C/F/L1000。

技术说明：

1. 圆筒式可袋封换芯过滤装置是专为核用密封箱室进排风空气净化系统设计开发的一种产品，产品符合 EJ/T 1108、EJ/T 1175.4 相关标准。

2. 过滤装置和过滤器的材料满足核设施密封箱室工况要求。

3. 选用时应根据具体使用要求，确定所需效率等级、气流方向及操作方式，选用对应的型号。

4. 可提供图例及表格以外的非标产品。

供应商：河南核净洁净技术有限公司
邮编：450001
电话：0371-67997997(行政部)
传真：0371-67997997
Email：office@hejingfilter.com
地址：郑州市高新技术产业开发区金梭路 23 号

39. 圆筒式可袋封换芯过滤器

EJ/T 1175.4 图 44	EJ/T 1175.4 YS 002A

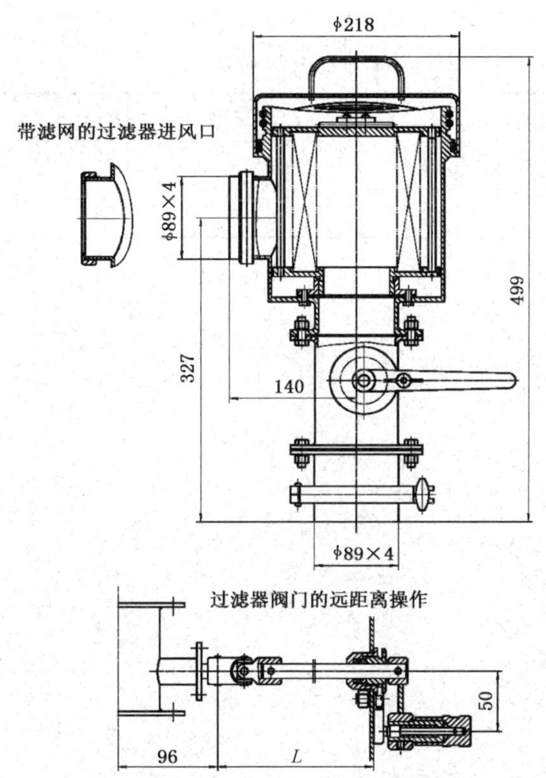

标记示例：

过滤面积 0.3 m^2 箱室用不锈钢制排风高效过滤器，就地操作：

排风过滤器 HFXG-30P(SS)　EJ/T 1175.4 YS 002A

过滤面积 0.3m^2 箱室用硬聚氯乙烯制进风预过滤器 远距离操作(L=500 mm)：

进风过滤器 HFXY-30J×500(PVC)　EJ/T 1175.4 YS 002A

代号说明：

HF—核风公司；X—箱室；G—高效；Y—中效(预过滤)；J—进风；P—排风；SS—不锈钢；PVC—硬聚氯乙烯

技术特性：

1. 设计温度：60 ℃
2. 通过能力：见表
3. 过滤面积：见表
4. 过滤效率：99.99%(G)；85%(Y)
5. 过滤初阻力：200～300Pa(G)，<150Pa(Y)
6. 过滤材料：超细玻璃纤维滤纸 Lydir 3255 级(G)，玻璃纤维滤纸 Lydir 1229 级(Y)
7. 主要材料：06Cr19Ni10(或 PVC)，LY11-CZ
8. 外形尺寸：340 mm×230 mm×500 mm

通过能力和过滤面积

高效过滤器通过能力(m^3/h)	20	30	40	60
中效过滤器通过能力(m^3/h)	135	200	300	400
过滤面积(m^2)	0.2	0.3	0.4	0.6

供应商：秦皇岛核风设备有限公司
邮编：066200
电话：0335-5032334
传真：0335-5031178
Email：shg404@163.com
地址：河北省山海关 217 信箱

40. YD60 碘吸附器

EJ/T 1175.4 图 36	EJ/T 1175.4 YS 003

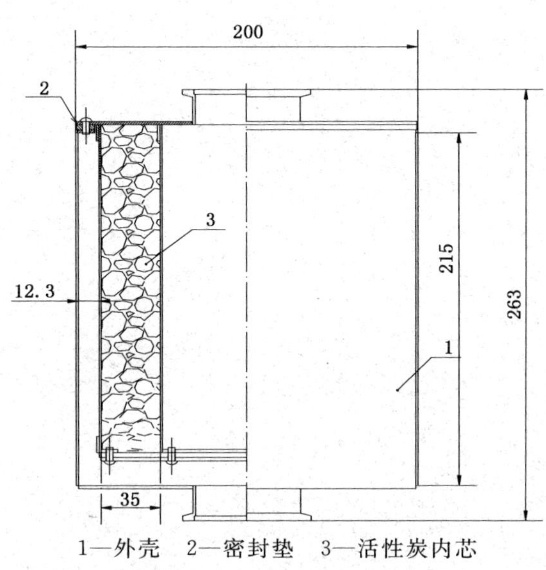

1—外壳　2—密封垫　3—活性炭内芯

标记示例：

额定风量为 60 m^3/h,外壳材料为不锈钢的碘吸附器：

碘吸附器 YD60　EJ/T 1175.4 YS 003

参数及接口尺寸表

<table>
<tr><td>活性碳体积(L)</td><td colspan="2">3</td><td>组件</td><td colspan="2">尺寸(mm)</td></tr>
<tr><td rowspan="3">额定风量 Q(m^3/h)</td><td rowspan="3">60</td><td rowspan="3">48</td><td rowspan="2">外壳(06Cr19Ni10)</td><td>直径 φ</td><td>200</td></tr>
<tr><td>长度 L</td><td>215</td></tr>
<tr><td rowspan="3">内芯(活性炭)</td><td>内径 φ</td><td>105</td></tr>
<tr><td rowspan="3">接触时间(s)*1</td><td rowspan="3">～0.2</td><td rowspan="3">～0.25</td><td>外径 φ</td><td>175</td></tr>
<tr><td>长度 L</td><td>200</td></tr>
<tr><td rowspan="3">接口法兰</td><td>法兰外径 φ</td><td>77.5</td></tr>
<tr><td rowspan="3">压降(Pa)*2</td><td rowspan="3">～250</td><td rowspan="3">～200</td><td>法兰内径 φ</td><td>60</td></tr>
<tr><td>法兰接管长度</td><td>21.5</td></tr>
<tr><td colspan="2">总长*3</td><td>263</td></tr>
<tr><td colspan="6">*1、*2 接触时间及压降为参考数据,需要准确值时请向供应商咨询
*3 总长可根据接管长度变化</td></tr>
</table>

技术说明：

1. 碘吸附器可根据不同的排风要求提供表格以外的各种额定风量和规格尺寸的产品。
2. 碘吸附器的配套装置包括：接口法兰、密封圈、真空快卸法兰夹等，请咨询供应商。
3. 装填的活性炭可根据不同的使用要求填装煤质炭或椰壳炭或进行特定的化学处理。

供应商：中国辐射防护研究院
邮编：030006
电话：0351-2203173
传真：0351-2202175
Email：JRHou6@163.com
地址：太原市学府街102号

41. 电动调节进排风过滤器

EJ/T 1175.4 图 42	EJ/T 1175.4 YS 004

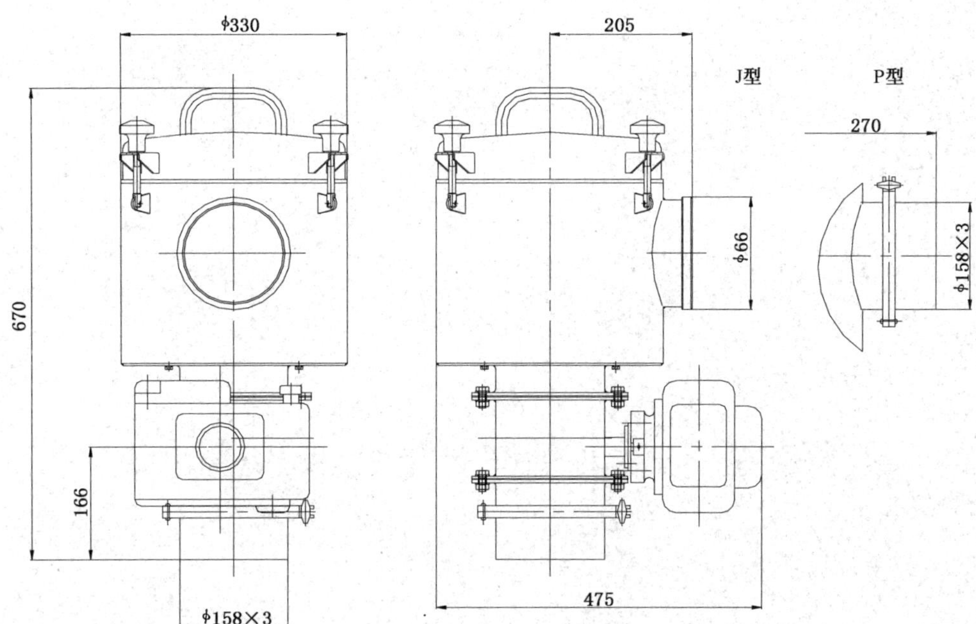

标记示例：

过滤面积 0.8 m^2 箱室用排风高效过滤器：

过滤器 HFXG—0.8P EJ/T 1175.4 YS 004

代号说明：

J 型—进风；P 型—排风；X—箱室；G—高效；Y—中效(预过滤)；HF—秦皇岛核风设备有限公司

技术说明：

1. 本过滤器分进风和排风、高效和中效，可由电动密闭阀进行远距离风量调节。
2. 高效过滤器效率为 99.995%；中效过滤器效率为 85%。
3. 过流金属部件均用不锈钢制造。

系列参数表

通过能力(m^3/h)	过滤面积(m^2)	初阻力(Pa)	供电参数
65(G);400(Y)	0.6	200～300	～380 V，0.6 A
80(G);500(Y)	0.8	200～300	
100(G);650(Y)	1	200～300	

供应商：秦皇岛核风设备有限公司
邮编：066200
电话：0335-5032334
传真：0335-5031178
Email：shg404@163.com
地址：河北省山海关217信箱

42. 手动更换保护性过滤器

EJ/T 1175.4
图 27、28、29 表 7

EJ/T 1175.4
YS 005

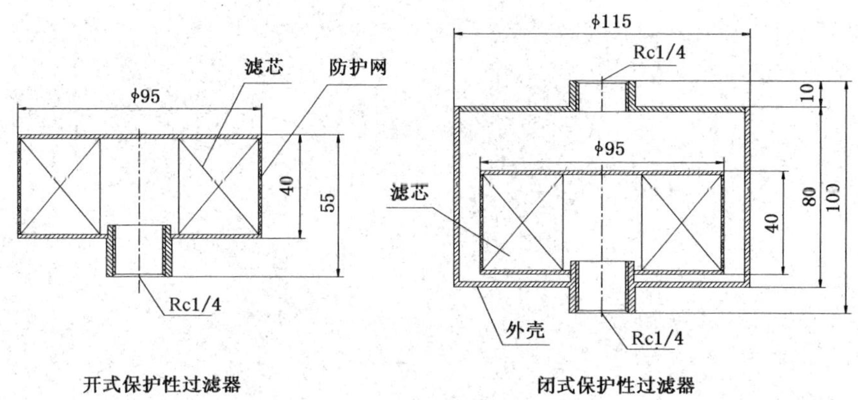

开式保护性过滤器　　　闭式保护性过滤器

标记示例：

选用开式保护性过滤器：过滤器 RMK　EJ/T 1175.4 YS 005

选用闭式保护性过滤器：过滤器 RMB　EJ/T 1175.4 YS 005

开式保护性过滤器性能参数表

流量(m^3/h)	压降(Pa)	效率
1	60	≥99.99%(钠焰法)
3	130	
5	220	

技术说明：

1. 开式保护性过滤器(代号 RMK)用于保护密封箱室的通风相关设备(如压力表、调节阀)，或对充惰性气体的密封箱室作气体循环过滤使用。该种过滤元件一般安装在密封箱室内金属贯穿件的管接头上。

2. 闭式保护性过滤器(代号 RMB)使用场合与开式保护性过滤器相同，但可安装在密封箱室外的管线上。

3. 过滤器滤料为玻纤纸，骨架为不锈钢，闭式过滤器外壳为不锈钢。

4. 过滤器耐腐蚀、耐辐照、耐震动，工作温度≤120 ℃。

5. 可提供表格外非标产品。

供应商：河南核净洁净技术有限公司
邮编：450001
电话：0371-67997997（行政部）
传真：0371-67997997
Email：office@hejingfilter.com
地址：郑州市高新技术产业开发区金梭路 23 号

43. 远距离操作保护性过滤器

EJ/T 1175.4 图 33 图 34 表 7	EJ/T 1175.4 YS 006

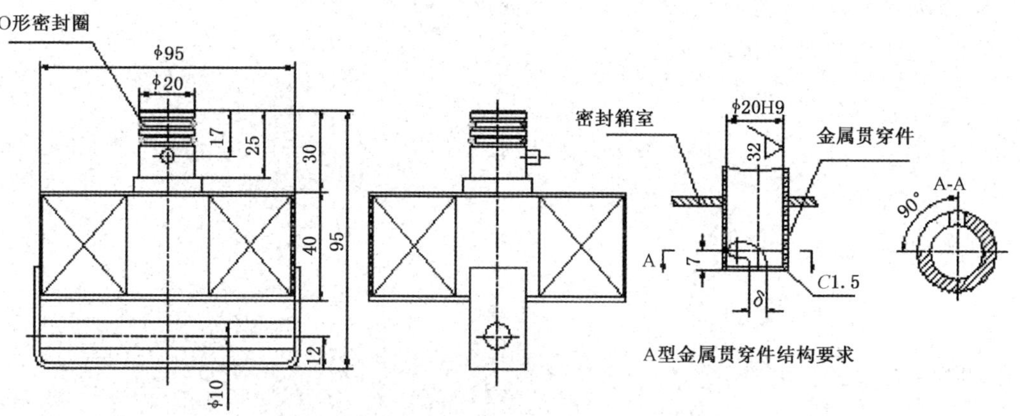

卡口式远距离操作保护性过滤器（A型）

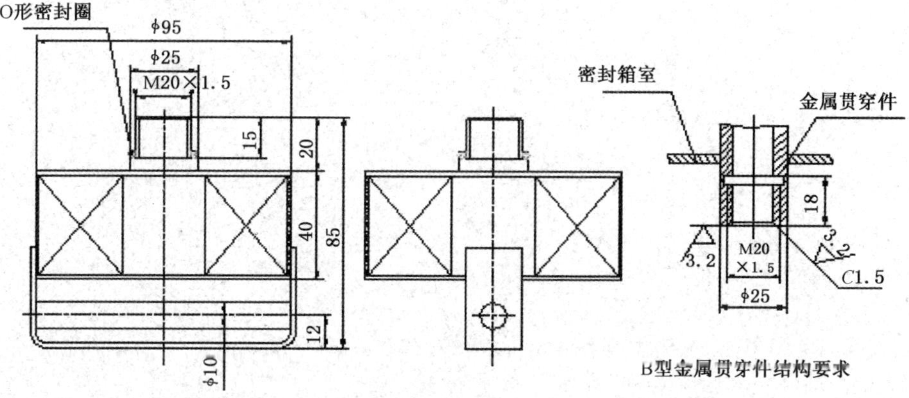

螺纹式远距离操作保护性过滤器（B型）

标记示例：

螺纹联接的远距离操作保护性过滤器(B 型)：

过滤器 RMY-B　EJ/T 1175.4 YS 006

保护性过滤器性能参数表

流量(m^3/h)	压降(Pa)	效率
1	60	≥99.99%(钠焰法)
3	130	
5	220	

技术说明：

1. 此种保护性过滤器用于保护使用剑式机械手或主从机械手的密封箱室通风相关设备如压力表、调节阀。

2. 过滤器安装在密封箱室内金属贯穿件的接头上，安装方式有两种，一种为卡口式（圆形过滤器 RMY-A 型），另一种为螺纹式（圆形过滤器 RMY-B 型），金属贯穿件不在供货范围内。

3. 过滤器滤料为玻纤纸，骨架为不锈钢。

4. 过滤器耐腐蚀、耐辐照、耐震动，工作温度≤120 ℃。

5. 可提供表格外非标产品。

供应商：河南核净洁净技术有限公司
邮编：450001
电话：0371-67997997（行政部）
传真：0371-67997997
Email：office@hejingfilter.com
地址：郑州市高新技术产业开发区金梭路 23 号

44. 带阻力测量的圆筒式可袋封换芯过滤装置（带阻力测量的净化装置）

EJ/T 1175.1 图 49 表 10	EJ/T 1175.4 YS 007

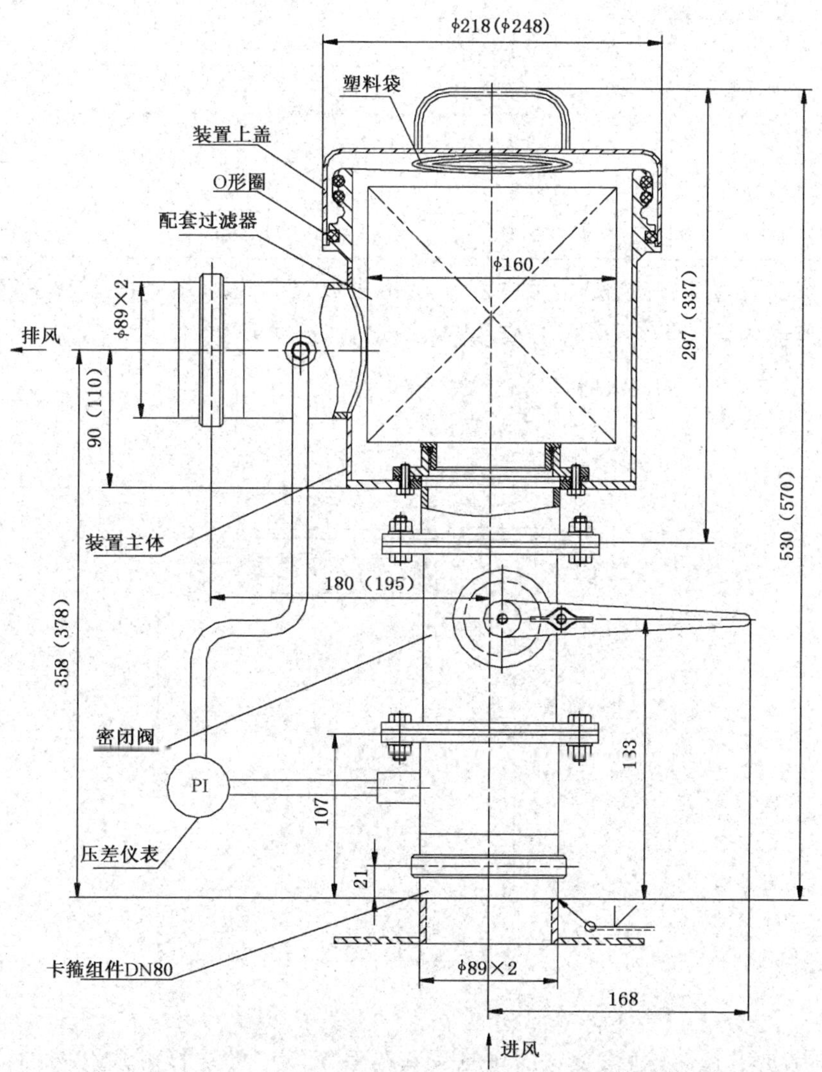

图 1　带阻力测量的圆筒式可袋封换芯过滤装置

带阻力测量的圆筒式可袋封换芯过滤装置仅用作排风装置，进排风口均为卡箍组件结构，如图 1 所示。其主要技术特性见下表：

技术特性表

<table>
<tr><td colspan="2">工作温度</td><td colspan="12">≤120 ℃</td></tr>
<tr><td colspan="2">主体材质</td><td colspan="12">304 不锈钢</td></tr>
<tr><td colspan="2" rowspan="3">设备尺寸</td><td colspan="6">高效 M 及亚高效 J 装置</td><td colspan="6">低效 C 装置</td></tr>
<tr><td colspan="3">20～65 m^3/h</td><td colspan="3">80～100 m^3/h</td><td colspan="3">135～400 m^3/h</td><td colspan="3">500～650 m^3/h</td></tr>
<tr><td colspan="3">图 1 所示
括号外尺寸
(代号 RGJ01)</td><td colspan="3">图 1 所示
括号内尺寸
(代号 RGJ02)</td><td colspan="3">图 1 所示
括号外尺寸
(代号 RGJ01)</td><td colspan="3">图 1 所示
括号内尺寸
(代号 RGJ02)</td></tr>
<tr><td colspan="2">效率代号</td><td colspan="4">高效 M</td><td colspan="4">亚高效 J</td><td colspan="4">低效 C</td></tr>
<tr><td rowspan="5">配套过滤器</td><td>工作风量</td><td colspan="4">20～100 m^3/h</td><td colspan="4">20～100 m^3/h</td><td colspan="4">135～650 m^3/h</td></tr>
<tr><td>过滤效率</td><td colspan="4">≥99.99%(钠焰法)</td><td colspan="4">≥95%(0.5 μm 计数法)</td><td colspan="4">≥85%(计重法)</td></tr>
<tr><td>初阻力</td><td colspan="4">≤300 Pa</td><td colspan="4">≤230 Pa</td><td colspan="4">≤150 Pa</td></tr>
<tr><td>过滤面积</td><td colspan="4">1 m^2</td><td colspan="4">1 m^2</td><td colspan="4">0.55 m^2</td></tr>
<tr><td>规格</td><td colspan="4">ϕ160×160</td><td colspan="4">ϕ160×160</td><td colspan="4">ϕ160×160</td></tr>
</table>

过滤装置需设置两级过滤时，可在图 1 所示进风口处密封箱室内串联一级过滤器(依据所串联过滤器的效率等级，代号分别为 M、J、C)，如图 2 所示。

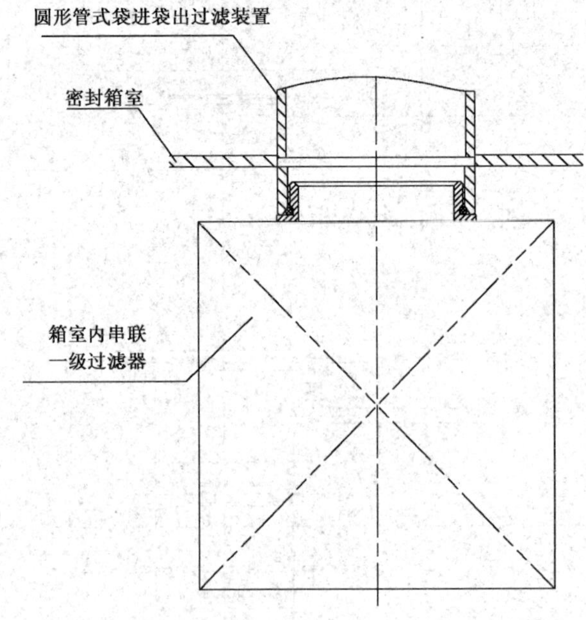

图 2　箱体内置第一级过滤装置连接方式

依据实际使用条件，过滤装置的进排风口与系统风管的连接方式有两种：卡箍连接形式(代号 K)和法兰连接形式(代号 F)，如图 3 所示。

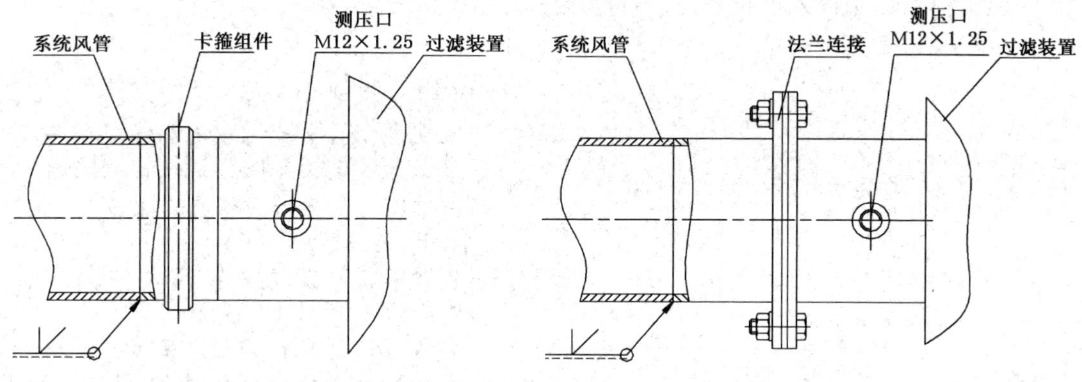

图 3　过滤装置进出风口与系统风管的连接形式

带阻力测量的圆形管式袋进袋出过滤装置有就地操作(代号 N)与远距离操作(代号 L)两种,图 1 所示为就地操作型。远距离操作选用带有操作杆的远距离操作阀门,对过滤装置风量进行调节,如图 4 所示。

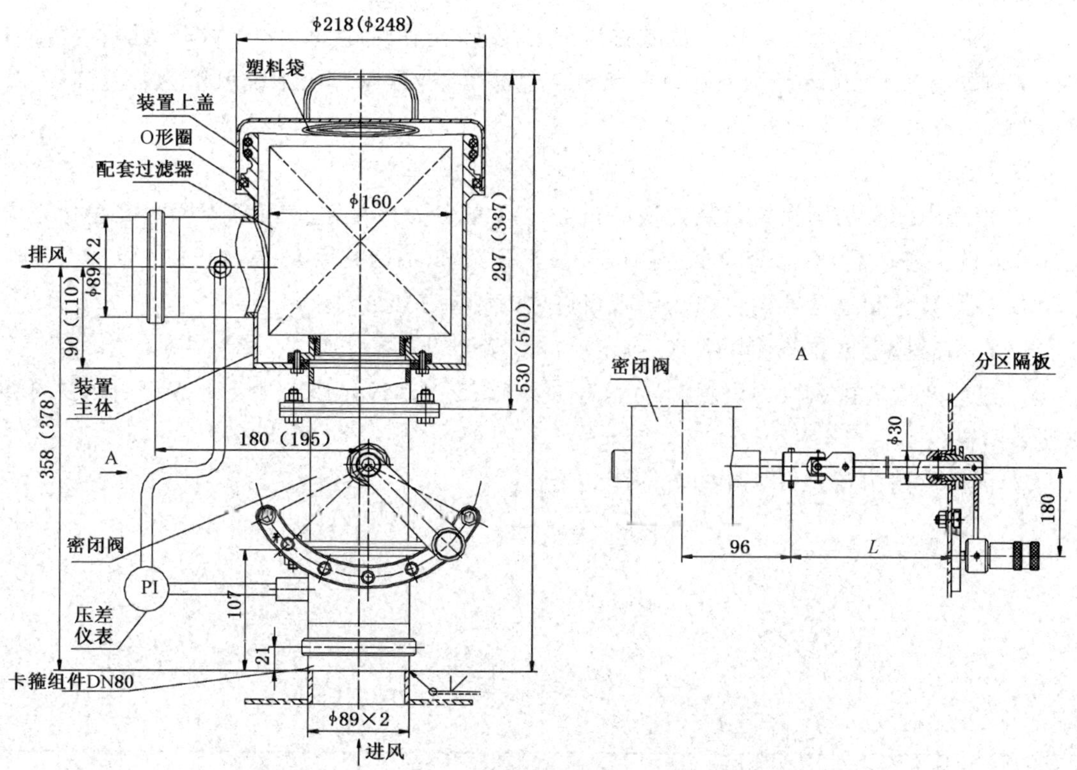

图 4　远距离操作的带阻力测量的圆筒式可袋封换芯过滤装置

带阻力测量的圆筒式可袋封换芯过滤装置的型号标注：

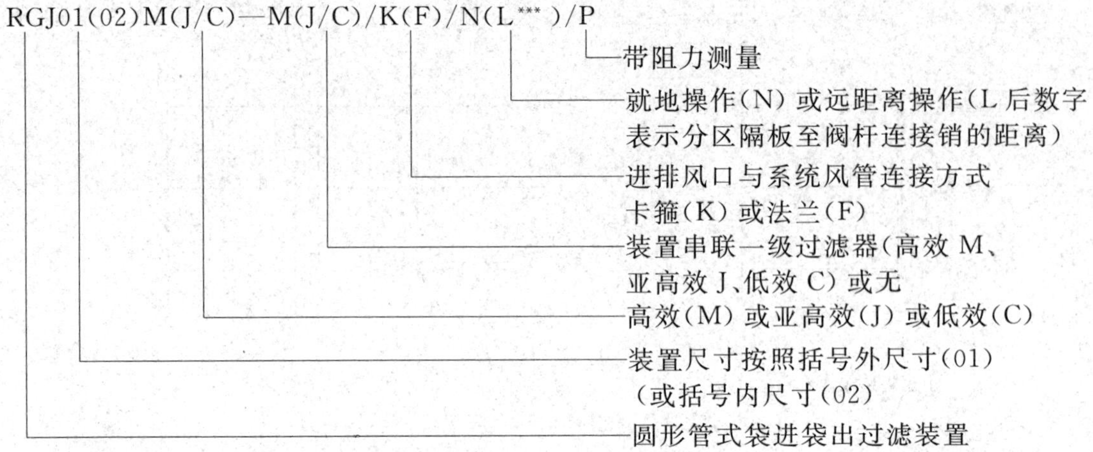

标记示例：

1. 带阻力测量的就地操作高效排风过滤装置，工作风量 20 m^3/h，装置不串联过滤器，进排风口与系统风管为卡箍连接，型号为 RGJ01 M-K/NP。

2. 带阻力测量的远距离操作低效排风过滤装置，工作风量 500 m^3/h，分区隔板至阀杆连接销的距离为 1000 mm，装置串联一级低效过滤器，进排风口与系统风管为法兰连接，型号为 RGJ02 C-C/F/L1000P。

技术说明：

1. 带阻力测量的圆筒式可袋封换芯过滤装置是专为核用密封箱室排风空气净化系统设计开发的一种产品，产品符合 EJ/T 1108、EJ/T 1175.4 相关标准。

2. 过滤装置和过滤器的材料满足核设施密封箱室工况要求。

3. 选用时应根据具体使用要求，确定所需效率等级及操作方式，选用对应的型号。

4. 过滤装置进排风段均设置测压口(M12×1.25 内螺纹)，压差测量仪表可由用户自备或整套购置。

5. 可提供图例及表格以外的非标产品。

供应商：河南核净洁净技术有限公司
邮编：450001
电话：0371-67997997(行政部)
传真：0371-67997997
Email：office@hejingfilter.com
地址：郑州市高新技术产业开发区金梭路 23 号

45. HY4B 型插入式箱壁电连接器

EJ/T 1175.5 图 2	EJ/T 1175.5 YS 001

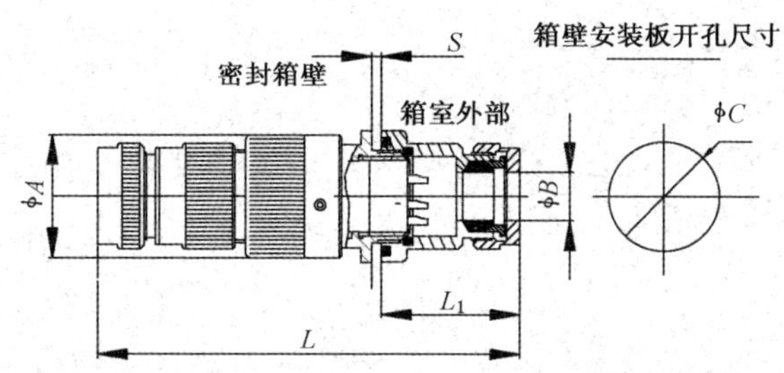

型号与标记示例：

电连接器的型号由主称代号、设计序号、接触对数目、壳体类别、接触件类别等组成。

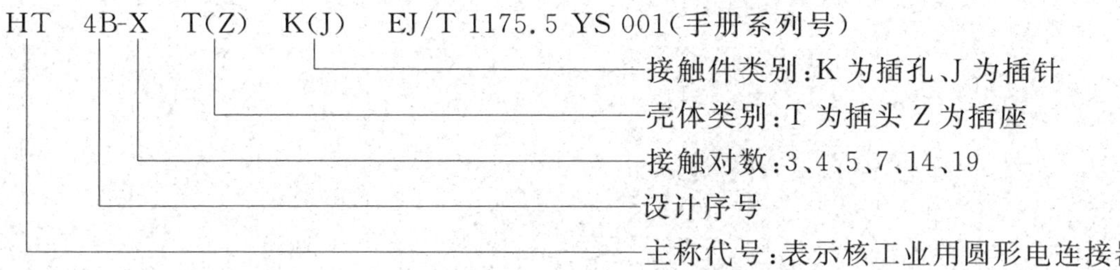

连接器结构尺寸表

接触对数	A(mm)	B(mm)	C(mm)	L(mm)	L_1(mm)	S(mm)
3	29	10.5	22	98	50	3、6、8、10
4	29	10.5	22	98	50	3、6、8、10
5	29	10.5	22	98	50	3、6、8、10
7	37	10.5	29	105	55	3、6、8、10
14	37	14	29	105	55	3、6、8、10
19	37	20	29	105	55	3、6、8、10

技术说明：

1. 结构特点及用途

HY4B型电连接器是核工业专用电连接器，由插头和插座两部分组成，手动连接，单槽定位，卡口式连接并锁紧，可穿墙密封。其外壳材料为不锈钢，接触材料为铜合金，表面镀金；绝缘体材料为热固工程塑料。连接器可耐酸碱腐蚀、耐核辐射。插头、插座既可装针也可装孔。可根据用户要求选择其他材料、结构尺寸，也可以根据用户的要求提供表格之外的特殊设计。

2. 主要技术性能

工作温度：-20 ℃～$+125$ ℃

抗电强度：交流 750 V

绝缘电阻：$\geqslant 1000$ MΩ

接触电阻：$\leqslant 10$ mΩ

适用电流：接触对数为 5、7、14、19 芯时$\leqslant 10$ A，接触对数为 3、4 芯时$\leqslant 25$ A

气密性：常温下$\geqslant 0.2$ MPa

机械寿命：插拔 500 次

耐辐照强度：$\geqslant 10^4$ Gy

供应商：绍兴市航绍电连接器有限公司
邮编：312030
电话：0575-84292779
传真：0575-84292779
Email：zjhs@35.com
地址：浙江省绍兴市柯岩街道阮社百罗井

46. HY4 型箱内手动接插电连接器

EJ/T 1175.5 图 3	EJ/T 1175.5 YS 002

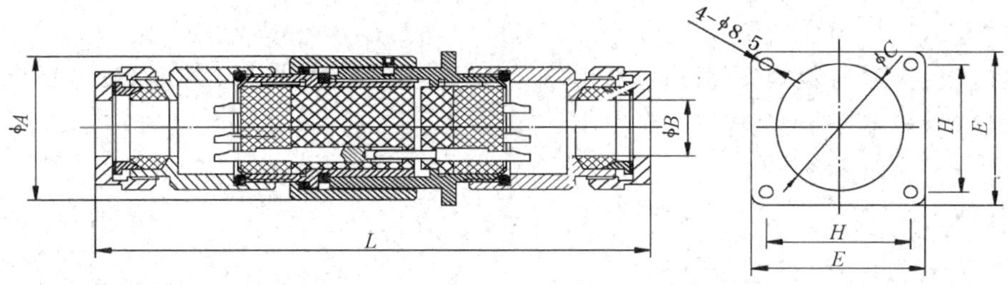

型号及标记示例：

电连接器的型号由主称代号、设计序号、接触对数、壳体类别、接触件类别，等组成。

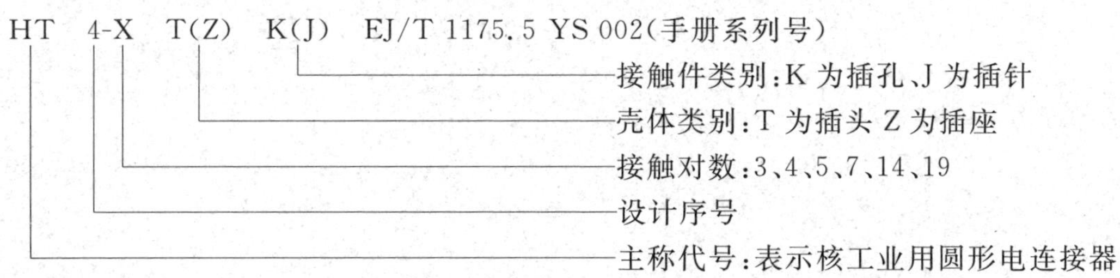

HT　4-X　T(Z)　K(J)　EJ/T 1175.5 YS 002(手册系列号)

接触件类别：K 为插孔、J 为插针

壳体类别：T 为插头 Z 为插座

接触对数：3、4、5、7、14、19

设计序号

主称代号：表示核工业用圆形电连接器

连接器结构尺寸表

接触对数	A(mm)	B(mm)	C(mm)	L(mm)	E(mm)	H(mm)
3	29	10.5	22	98	30	23
4	29	10.5	22	98	30	23
5	29	10.5	22	98	30	23
7	37	10.5	29	105	42	33
14	37	14	29	105	42	33
19	37	20	29	105	42	33

技术说明：

1．结构特点及用途

HY4 型电连接器是核工业专用电连接器，由插头和插座两部分组成，手动连接，单槽定位，卡口式连接并锁紧。其外壳材料为不锈钢，接触材料为铜合金，表面镀金；绝缘体材料为热固工程塑料。连接器可耐酸碱腐蚀、耐核辐射。插头、插座既可装针也可装孔。可根据用户要求选择其他材料、结构尺寸，也可以根据用户的要求提供表格之外的特殊设计。

2．主要技术性能

工作温度：−20 ℃～+125 ℃

抗电强度：交流 750 V

绝缘电阻：≥1000 MΩ

接触电阻：≤10 mΩ

适用电流：接触对数为 5、7、14、19 芯时≤10 A，接触对数为 3、4 芯时≤25 A

气密性：常温下≥0.2 MPa

机械寿命：插拔 500 次

耐辐照强度：≥10^4 Gy

供应商：绍兴市航绍电连接器有限公司
邮编：312030
电话：0575-84292779
传真：0575-84292779
Email：zjhs@35.com
地址：浙江省绍兴市柯岩街道阮社百罗井

47. HY5 单芯大电流密封穿墙插座

EJ/T 1175.5 图 10	EJ/T 1175.5 YS 003

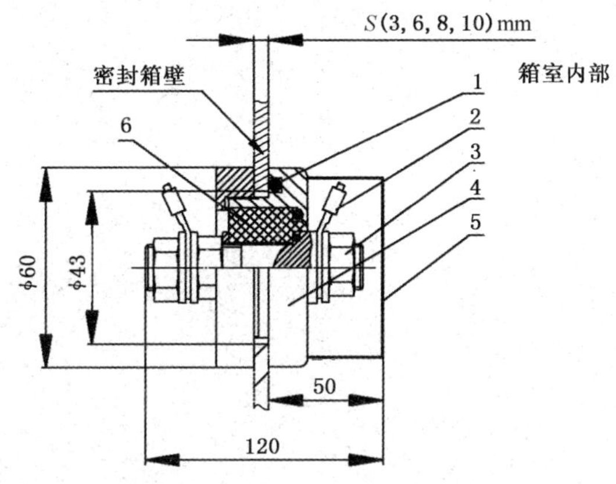

1—O形密封圈 2—电缆 3—贯穿螺杆 4—插座体 5—保护罩 6—绝缘体

标记示例：

适用电流为 100 A，与壁厚为 6 mm 箱体配用的单芯大电流密封穿墙插座：

穿墙插座 HY5 100×6 EJ/T 1175.5 YS 003

技术说明：

1. 结构特点及用途

HY5 型单芯大电流密封穿墙插座，由插座体、接触件和绝缘体等几部分组成。其外壳材料为不锈钢，接触材料为铜合金，表面镀金；绝缘体材料为热固工程塑料。连接器可耐酸碱腐蚀、耐核辐射。可根据用户要求选择其他材料、结构尺寸，也可以根据用户的要求提供表格之外的特殊设计。

2. 主要技术性能

工作温度：−20 ℃～+125 ℃

抗电强度：交流 750 V

绝缘电阻:≥1000 MΩ

接触电阻:≤10 mΩ

适用电流:接触对数为 100 A、150 A、200 A

气密性:常温下≥0.5 MPa

耐辐照强度:≥10^4 Gy

供应商:绍兴市航绍电连接器有限公司

邮编:312030

电话:0575-84292779

传真:0575-84292779

Email:zjhs@35.com

地址:浙江省绍兴市柯岩街道阮社百罗井

48. 同轴电缆箱壁贯穿件 K(卡套式)

EJ/T 1175.5 图 12	EJ/T 1175.5 YS 004

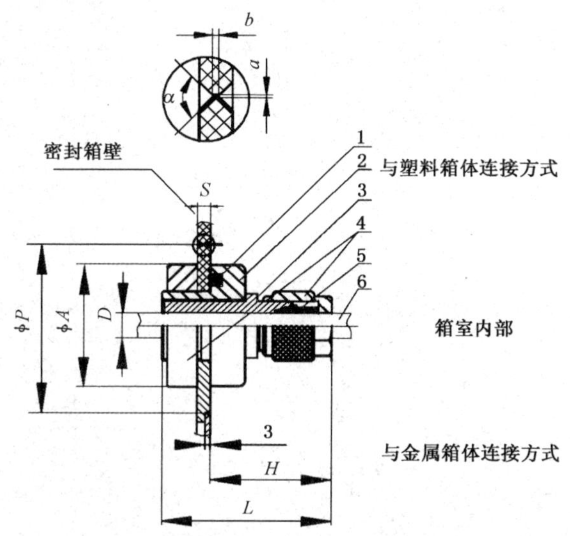

1—O形密封圈 2—贯穿件接头座 3—贯穿件接头
4—压紧螺母 5—卡套 6—电缆

标记示例:

同轴电缆直径 D=6.5 mm,与壁厚 S=6 mm 的硬聚氯乙烯(PVC)箱体配用的卡套式同轴电缆贯穿件:

电缆贯穿件 K(PVC) 6.5×6 EJ/T 1175.5 YS 004

贯穿件结构尺寸 单位:mm

D	A	P	H	L		
				S		
				6	8	10
4.8	25	45	35	70	72	74
6.5	25	45	35	70	72	74
7.5	25	45	35	70	72	74
10.1	30	50	50	80	82	84
10.5	30	50	50	80	82	84
12.2	30	50	50	80	82	84

技术说明：

1. 结构特点及用途：卡套式同轴电缆贯穿件，靠卡套受压变形密封，贯穿件用螺母固定在箱壁上，也可装在贯穿件盘上用可顶出装置进行更换。贯穿件的座体材料采用不锈钢，也可根据用户需要提供表格以外的其他材料、结构尺寸的产品。

2. 本型贯穿件的座体材料为不锈钢，可与不锈钢(SS)箱体或硬聚氯乙烯(PVC)箱体配用，选用时用代号注明。

3. 与硬聚氯乙烯箱体或不锈钢箱体焊接时的技术要求可参见 EJ/T 1175.1 YS 002 及 YS 003 的技术说明。

4. 与不锈钢箱体配用时，S 按 8 mm 计算。

供应商：绍兴市航绍电连接器有限公司
邮编：312030
电话：0575-84292779
传真：0575-84292779
Email：zjhs@35.com
地址：浙江省绍兴市柯岩街道阮社百罗井

49. 同轴电缆箱壁贯穿件 O(O 圈式)

EJ/T 1175.5 图 13	EJ/T 1175.5 YS 005

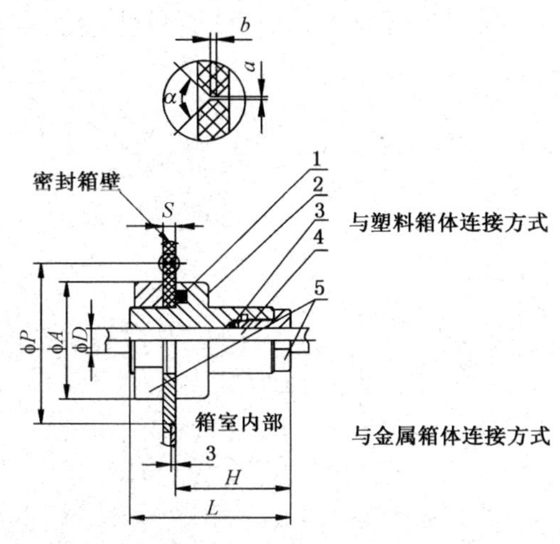

1—O形密封圈 2—贯穿件座 3—O形密封圈
4—电缆 5—压紧螺母

标记示例：

同轴电缆直径 $D=6.5$ mm，与壁厚 $S=6$ mm 的硬聚氯乙烯(PVC)箱体配用的 O 圈式同轴电缆贯穿件：

电缆贯穿件 O(PVC) 6.5×6 EJ/T 1175.5 YS 005

贯穿件结构尺寸 单位：mm

D	A	P	H	L		
				S		
				6	8	10
4.8	25	45	35	70	72	74
6.5	25	45	35	70	72	74
7.5	25	45	35	70	72	74
10.1	30	50	50	80	82	84
10.5	30	50	50	80	82	84
12.2	30	50	50	80	82	84

技术说明：

1. 结构特点及用途：O圈式同轴电缆贯穿件，利用O形圈受压变形密封，贯穿件用螺母固定在箱壁上，也可装在贯穿件盘上用可顶出装置进行更换。贯穿件的座体材料采用不锈钢，也可根据用户需要提供表格以外的其他材料、结构尺寸的产品。

2. 本型贯穿件的座体材料为不锈钢，可与不锈钢(SS)箱体或硬聚氯乙烯(PVC)箱体配用，选用时用代号注明。

3. 与硬聚氯乙烯箱体或不锈钢箱体焊接时的技术要求可参见EJ/T 1175.1 YS 002及YS 003的技术说明。

4. 与不锈钢箱体配用时，S按8 mm计算。

供应商：绍兴市航绍电连接器有限公司
邮编：312030
电话：0575-84292779
传真：0575-84292779
Email：zjhs@35.com
地址：浙江省绍兴市柯岩街道阮社百罗井

50. HY3Q 型箱内杠杆式电连接器

EJ/T 1175.5 4.1		EJ/T 1175.5 YS 006

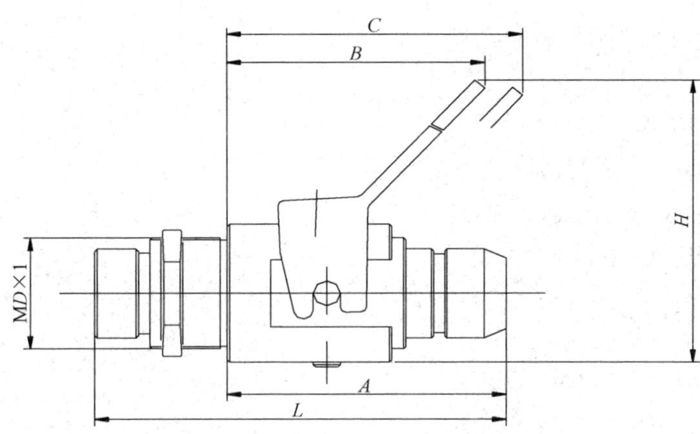

型号及标记示例：

电连接器的型号由主称代号、设计序号、接触对数、壳体类别、接触件类别等组成。

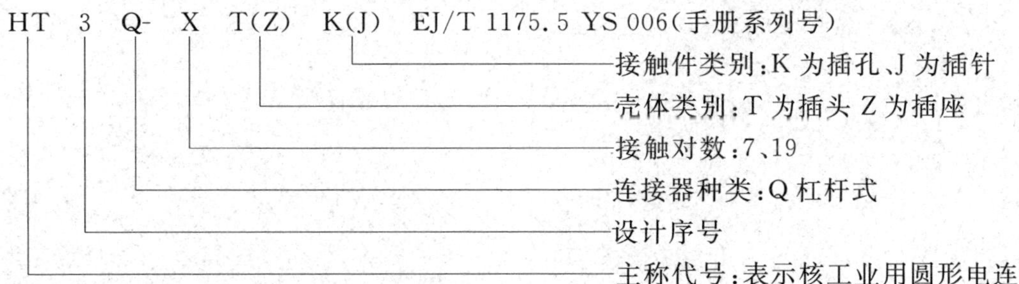

连接器结构尺寸表

接触对数	A(mm)	B(mm)	C(mm)	D(mm)	L(mm)	H(mm)
7	90	140	160	40	150	200
19	120	150	170	55	180	240

技术说明：

1. 结构特点及用途

HY3Q 型箱内杠杆式电连接器是核工业专用电连接器，由插头和插座两部分组成。插座固定后可用主从机械手进行遥控接插。连接器采用单槽定位，杠杆推进连接并锁紧。其外壳材料为不锈钢，接触材料为铜合金，表面镀金；绝缘体材料为热固性工程塑料。连接器可耐酸碱腐蚀、耐辐射。插头、插座既可装针也可以装孔。可根据用户要求选择其他材料、结构尺寸，也可以根据用户的要求提供表格之外的特殊设计。

2. 主要技术性能

工作温度：−20 ℃～+125 ℃

抗电强度：交流 750 V

绝缘电阻：≥1000 MΩ

接触电阻：≤10 mΩ

适用电流：≤10 A

气密性：常温下≥0.2 MPa

插拔力：7 芯≤30 N；19 芯≤75 N

插拔最小行程：22 mm

机械寿命：插拔 500 次

耐辐照强度：≥10^4 Gy

供应商：绍兴市航绍电连接器有限公司

邮编：312030

电话：0575－84292779

传真：0575－84292779

Email：zjhs@35.com

地址：浙江省绍兴市柯岩街道阮社百罗井

51. HY3D 型推入式穿墙电连接器

EJ/T 1175.5
5.2.7.5.3

EJ/T 1175.5
YS 007

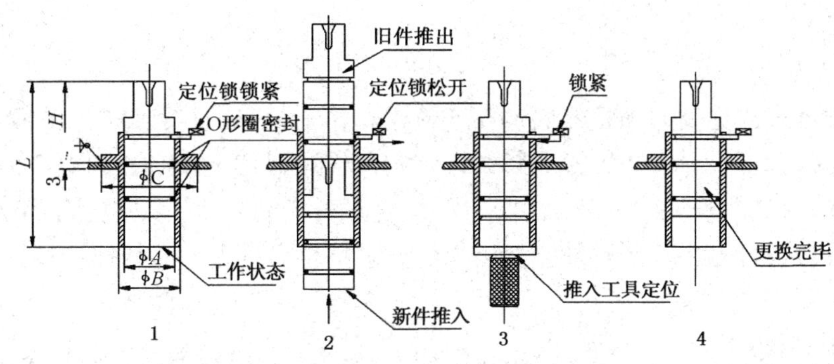

结构图及更换程序

型号及标记示例：

电连接器的型号由主称代号、设计序号、接触对数、壳体类别、接触件类别等组成。

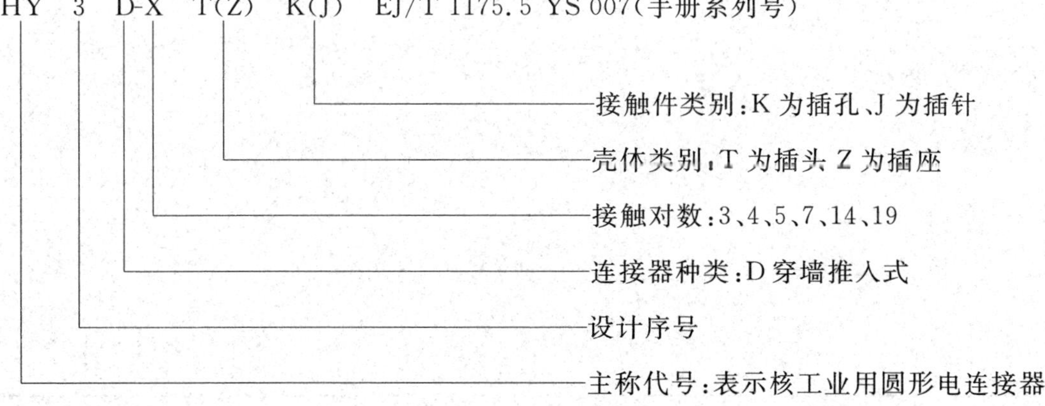

连接器结构尺寸表

接触对数	A(mm)	B(mm)	C(mm)	H(mm)	L(mm)
3	24.8	28	44	35	120
4	24.8	28	44	35	120
5	24.8	28	44	35	120
7	40	44	60	50	160
14	40	44	60	50	160
19	40	44	60	50	160

技术说明：

1. 结构特点及用途

HY3D 型推入式穿墙电连接器安装在不锈钢箱体上，可通过滑套整体更换而不中断箱室的密封。其外壳材料为不锈钢，接触材料为铜合金，表面镀金；绝缘体材料为热固性工程塑料。连接器可耐酸碱腐蚀、耐核辐射。插头、插座既可装针也可以装孔。可根据用户要求选择其他材料、结构尺寸，也可以根据用户的要求提供表格之外的特殊设计。

2. 主要技术性能

工作温度：－20 ℃～＋125 ℃

抗电强度：交流 750 V

绝缘电阻：≥1000 MΩ

接触电阻：≤10 mΩ

适用电流：接触对数为 3、4 芯时≤25A；当接触对数为 5、7、14、19 芯时≤10A，

气密性：常温下≥0.2 MPa

耐辐照强度：≥10^4Gy

供应商：绍兴市航绍电连接器有限公司

邮编：312030

电话：0575-84292779

传真：0575-84292779

Email：zjhs@35.com

地址：浙江省绍兴市柯岩街道阮社百罗井

52. HY3Z型重力式遥控电连接器

EJ/T 1175.5 5.2.7.5.3	EJ/T 1175.5 YS 008

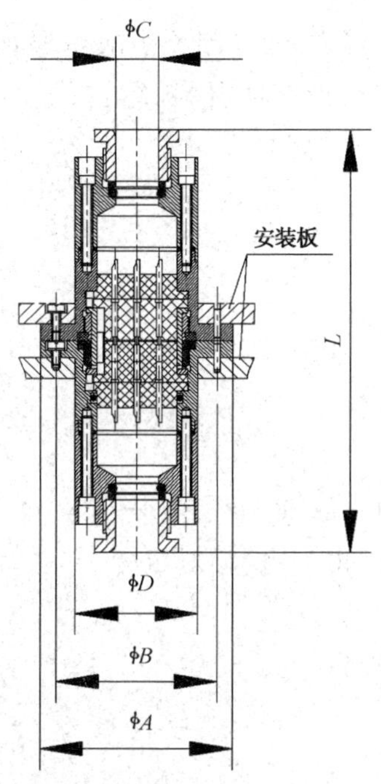

型号及标记示例:

电连接器的型号由主称代号、设计序号、接触对数、壳体类别、接触件类别等组成。

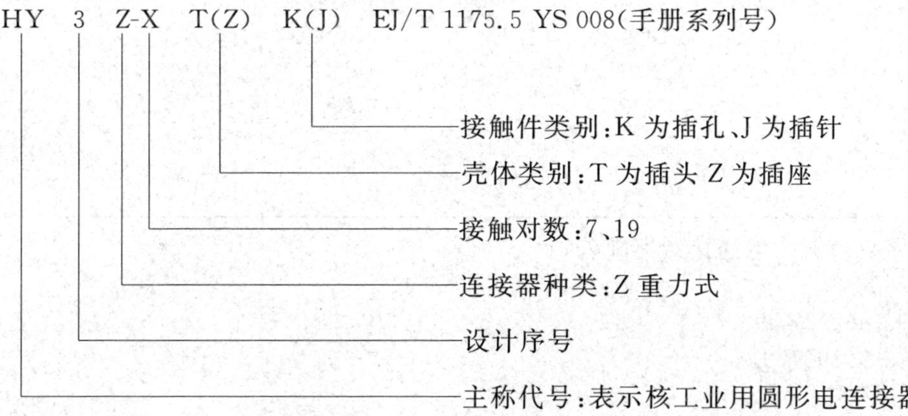

连接器结构尺寸表

接触对数	A(mm)	B(mm)	C(mm)	D(mm)	L(mm)
7	62	51	10.5	42	162
19	91	76	20	58	200

技术说明：

1. 结构特点及用途

HY3Z 型重力式遥控电连接器是核工业专用电连接器，由插头和插座两部分组成。连接器采用单槽定位，重力式直插连接并锁紧。外壳材料为不锈钢，接触材料为铜合金，表面镀金；绝缘体材料为热固性工程塑料。连接器可耐酸碱腐蚀、耐核辐射。插头、插座既可装针也可以装孔。可根据用户要求选择其他材料、结构尺寸，也可以根据用户的要求提供表格之外的特殊设计。

2. 主要技术性能

工作温度：－20 ℃～＋125 ℃

抗电强度：交流 750 V

绝缘电阻：≥1000 MΩ

接触电阻：≤10 mΩ

适用电流：≤10A，

气密性：常温下配重不小于 60 kg 时≥0.2 MPa

插拔力：接触对数为 7 芯时≤30 N；接触对数为 19 芯时≤75 N

插拔最小行程：22 mm

机械寿命：插拔 500 次

耐辐照强度：≥10^5 Gy

供应商：绍兴市航绍电连接器有限公司

邮编：312030

电话：0575-84292779

传真：0575-84292779

Email：zjhs@35.com

地址：浙江省绍兴市柯岩街道阮社百罗井

53. HY3S 型水平式遥控电连接器

EJ/T 1175.5 5.2.7.5.3	EJ/T 1175.5 YS 009

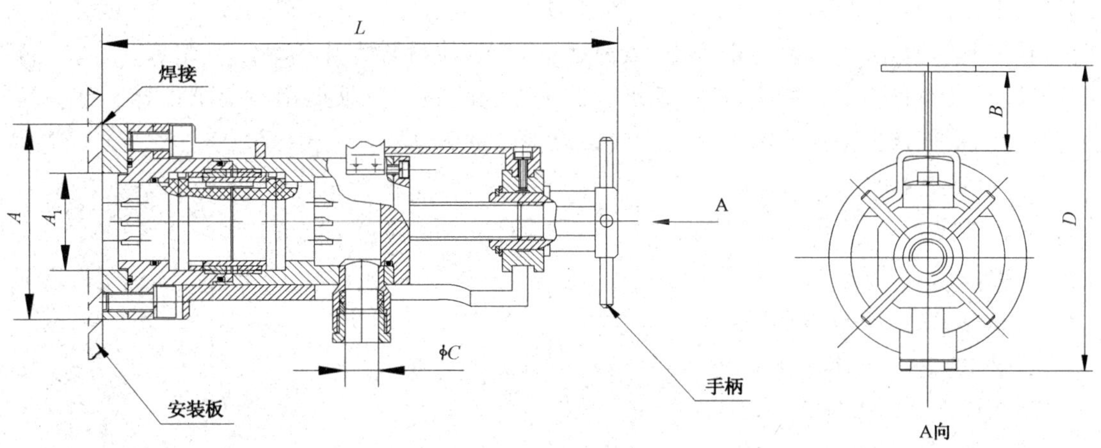

型号及标记示例：

电连接器的型号由主称代号、设计序号、接触对数、壳体类别、接触件类别等组成。

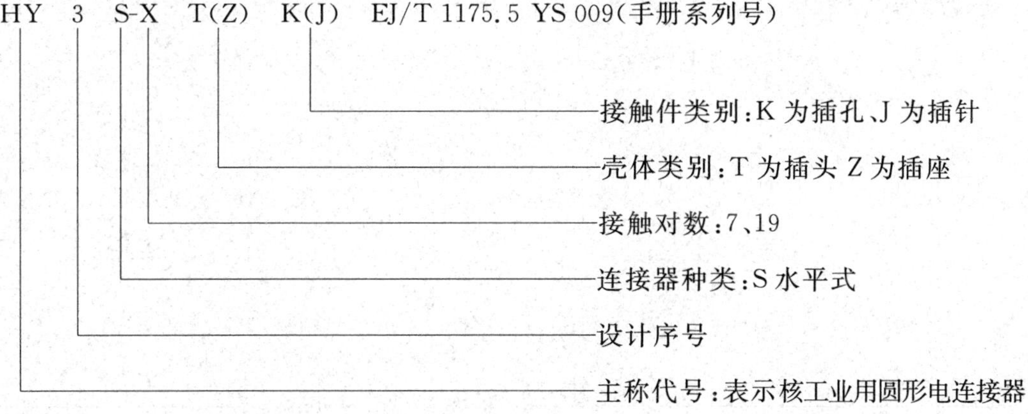

连接器结构尺寸表

接触对数	A(mm)	A_1(mm)	B(mm)	C(mm)	D(mm)	L(mm)
7	62	25	25	10.5	97	164
19	78	37	50	20	150	250

技术说明:

1. 结构特点及用途

HY3S型水平式遥控电连接器是核工业专用电连接器,由插头和插座两部分组成,可使用机械手遥控操作,也可以手动操作。连接器采用单槽定位,螺杆推进连接并锁紧。其外壳材料为不锈钢,接触材料为铜合金,表面镀金,绝缘体材料为热固性工程塑料。连接器可耐酸碱腐蚀、耐核辐射。插头、插座既可装针也可以装孔。可根据用户要求选择其他材料、结构尺寸,也可以根据用户的要求提供表格之外的特殊设计。

2. 主要技术性能

工作温度:−20 ℃～+125 ℃

抗电强度:交流 750 V

绝缘电阻:≥1000 MΩ

接触电阻:≤10 mΩ

适用电流:≤10 A

气密性:常温下≥0.2 MPa

插拔力矩:≤0.5 N·m

插拔最小行程:22 mm

机械寿命:插拔 500 次

耐辐照强度:≥10^5 Gy

供应商:绍兴市航绍电连接器有限公司
邮编:312030
电话:0575-84292779
传真:0575-84292779
Email:zjhs@35.com
地址:浙江省绍兴市柯岩街道阮社百罗井

54. HY3C 型垂直式遥控电连接器

EJ/T 1175.5 5.2.7.5.3	EJ/T 1175.5 YS 010

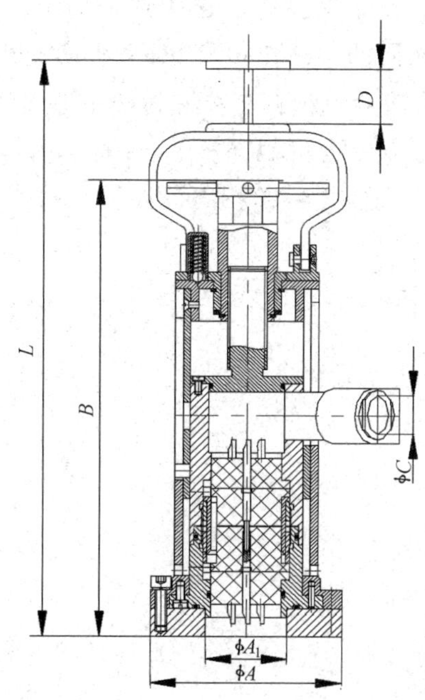

型号及标记示例：

电连接器的型号由主称代号、设计序号、接触对数、壳体类别、接触件类别等组成。

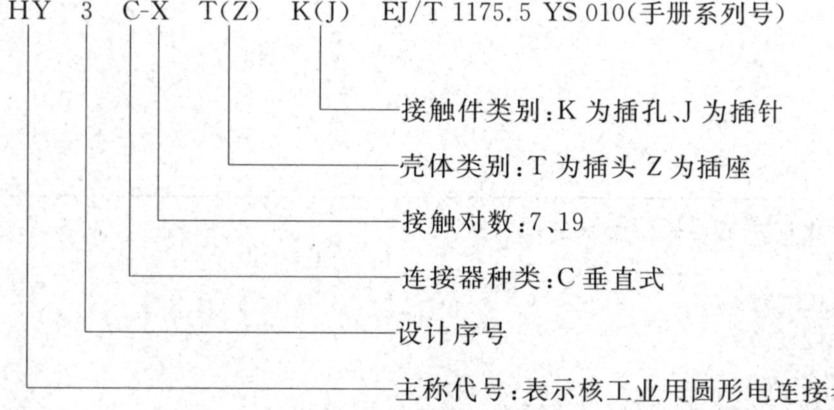

连接器结构尺寸表

接触对数	A(mm)	A_1(mm)	B(mm)	C(mm)	D(mm)	L(mm)
7	69	25	166	16	20	210
19	118	37	262	20	40	315

技术说明：

1. 结构特点及用途

HY3C型垂直式遥控电连接器是核工业专用电连接器，由插头和插座两部分组成，可使用主从机械手遥控操作，也可以手动操作。连接器采用单槽定位，螺杆推进连接并锁紧。接触对为7芯时，有两个尺寸相同的出线口，可同时引出两条相同的电缆。其外壳材料为不锈钢，接触材料为铜合金，表面镀金；绝缘体材料为热固性工程塑料。连接器可耐酸碱腐蚀、耐核辐射。插头、插座既可装针也可以装孔。可根据用户要求选择其他材料、结构尺寸，也可以根据用户的要求提供表格之外的特殊设计。

2. 主要技术性能

工作温度：－20 ℃～＋125 ℃

抗电强度：交流750 V

绝缘电阻：≥1000 MΩ

接触电阻：≤10 mΩ

适用电流：≤10 A

气密性：常温下≥0.2 MPa

插拔力矩：≤0.5 N·m

插拔最小行程：22 mm

机械寿命：插拔500次

耐辐照强度：≥10^5 Gy

供应商：绍兴市航绍电连接器有限公司

邮编：312030

电话：0575-84292779

传真：0575-84292779

Email：zjhs@35.com

地址：浙江省绍兴市柯岩街道阮社百罗井

55. 固定管道卡板

EJ/T 1175.5 图 20

EJ/T 1175.5 YS 011

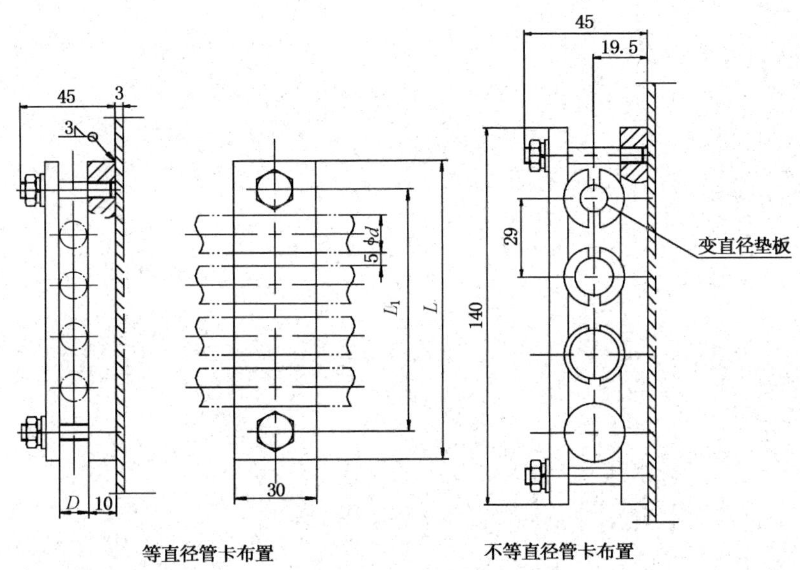

标记示例：

1. 管道外径为 20 mm 的等直径管卡：

管卡 DG4×20　EJ/T 1175.5 YS 011

2. 管道外径为两根 20、两根 14 的不等直径管卡：

管卡 BDG 2×20＋2×14　　EJ/T 1175.5 YS 011

系列参数表

单位：mm

管道外径 d	L	L_1	D	螺栓规格
10	85	70	7	M6
14	110	90	11	M6
20	130	110	15	M6
22	140	120	19	M8

技术说明：

1. 本型管卡最多可固定 4 根管道，尺寸见表。

2. 布置四根等直径管时标记为 DG，亦可布置直径不等的四根管，标记为 BDG，利用变直径垫板进行调节。

3. 材料均为不锈钢。

供应商：秦皇岛核风设备有限公司
邮编：066200
电话：0335-5032334
传真：0335-5031178
Email：shg404@163.com
地址：河北省山海关 217 信箱

供应商：中国原子能科学研究院实验工厂
邮编：102413
电话：010-69357656
传真：010-69357656
Email：ciaegongchang@163.com
地址：北京市房山区新镇

56. 带螺纹箱壁贯穿件

EJ/T 1175.5
图 22

EJ/T 1175.5
YS 012

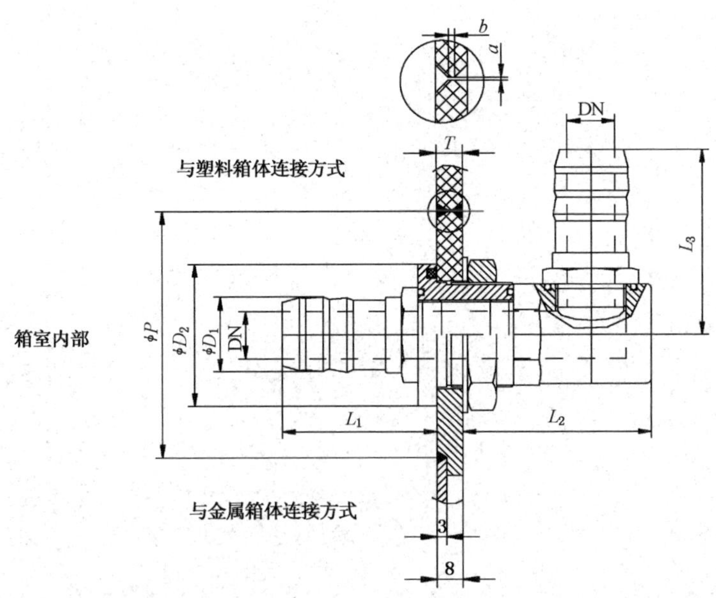

标记示例：

公称通径 DN 为 10 mm，进出口均为软管接头，与箱壁厚度为 6 mm 的聚氯乙烯箱体配用的螺纹连接 A 型箱壁流体贯穿件：

箱壁流体贯穿件 DN10×6 R(PVC)　EJ/T 1175.5 YS 012

系列参数表

单位：mm

公称通径 DN	D_1	D_2	P	L_1	L_2	L_3
6	10	34	66	40	50	52
10	14	38	70	40	55	56
15	20	45	78	50	60	60
20	26	50	85	55	65	64
25	33	56	90	60	70	68

技术说明：

1. 本型贯穿件可配接焊接接头(H)、快速接头(K)、软管接头(R)。图中仅示出软管连接方式，选用时需注明，详情咨询供货商。

2. 与硬聚氯乙烯箱体或不锈钢箱体焊接时的技术要求可参见 EJ/T 1175.1 YS 002 及 YS 003 的技术说明。

3. 与硬聚氯乙烯(PVC)箱体配用时箱体壁厚 T 可选 6、8、10、12 mm，与不锈钢箱体配用时 $T=8$ mm。

供应商：中国原子能科学研究院实验工厂
邮编：102413
电话：010-69357656
传真：010-69357656
Email：ciaegongchang@163.com
地址：北京市房山区新镇

供应商：秦皇岛核风设备有限公司
邮编：066200
电话：0335-5032334
传真：0335-5031178
Email：shg404@163.com
地址：河北省山海关 217 信箱

57. 带角阀的箱壁贯穿件

EJ/T 1175.5 图 23

EJ/T 1175.5 YS 013

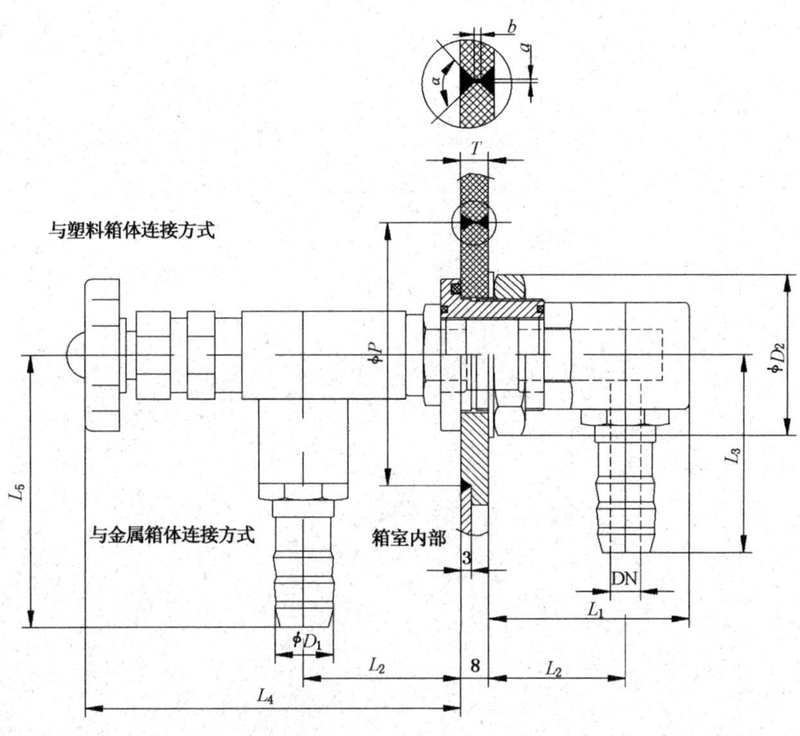

标记示例：

公称通径 DN 为 10 mm，进出口均为软管接头，与箱壁厚度为 6 mm 的聚氯乙烯箱体配用的带角阀的箱壁流体贯穿件：

箱壁流体贯穿件 DN10J×6 R（PVC） EJ/T 1175.5 YS 013

系列参数表

单位：mm

公称直径 DN	D_1	D_2	P	L_1	L_2	L_3	L_4	L_5
6	10	34	66	62	40	60	110	80
10	14	38	70	58	45	64	114	84

技术说明：

1. 本型贯穿件可配接焊接接头(H)、快速接头(K)、软管接头(R)。图中仅示出软管连接方式，选用时需注明，亦可按订货方要求配接其他形式的阀门，详情咨询供货商。

2. 与硬聚氯乙烯箱体或不锈钢箱体焊接时的技术要求可参见 EJ/T 1175.1 YS 002 及 YS 003 的技术说明。

3. 与硬聚氯乙烯(PVC)箱体配用时箱体壁厚 T 可选 6、8、10、12 mm，与不锈钢箱体配用时 $T=8$ mm。

供应商：中国原子能科学研究院实验工厂
邮编：102413
电话：010-69357656
传真：010-69357656
Email：ciaegongchang@163.com
地址：北京市房山区新镇

供应商：秦皇岛核风设备有限公司
邮编：066200
电话：0335-5032334
传真：0335-5031178
Email：shg404@163.com
地址：河北省山海关 217 信箱

58. 多管箱壁贯穿件

EJ/T 1175.5 图 24、25

EJ/T 1175.5 YS 014

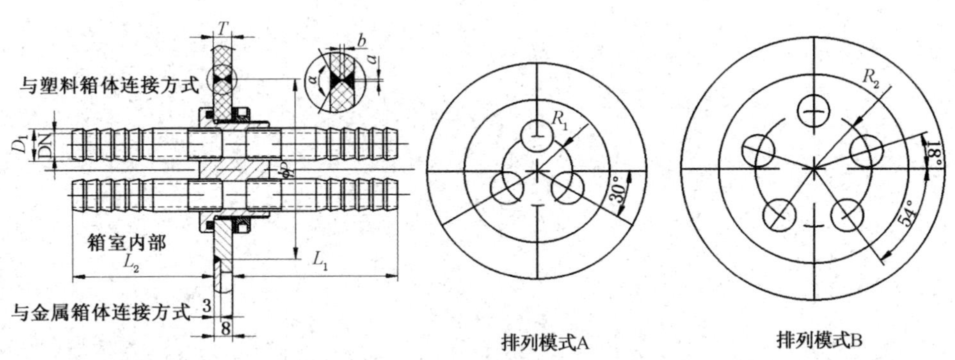

标记示例：

公称通径 DN 为 10 mm，排列模式 A(穿管 3 根)，进出口均为软管接头，与箱壁厚度 T =6 mm 的聚氯乙烯箱体配用的多管箱壁流体贯穿件：

箱壁流体贯穿件 DN10-A×6R(PVC)　EJ/T 1175.5 YS 014

系列参数表

单位：mm

公称通径 DN	D_1	P		L_1	L_2	R_1	R_2
		模式 A	模式 B				
6	10	80	90	40	50	10	20
10	14	90	105	40	55	15	32
15	18	100	115	50	60	20	45
20	25	120	135	55	65	25	60
25	33	140	155	60	70	30	80

技术说明：

1. 本型贯穿件可配接焊接接头(H)、快速接头(K)、软管接头(R)。图中仅示出软管连接方式，选用时需注明。选用其他连接方式时，表列尺寸会有相应变化，详情咨询供应商。

2. 本型贯穿件设置了两种布置模式，A 型穿管 3 根，B 型穿管 5 根，选用时注明。图中示出为等直径管道的排列。订货方可根据需要选定不同管径和方位的搭配，详情咨询供货商。

3. 与硬聚氯乙烯箱体或不锈钢箱体焊接时的技术要求可参见 EJ/T 1175.1 YS 002 及 YS 003 的技术说明。

4. 与硬聚氯乙烯(PVC)箱体配用时箱体壁厚 T 可选 6、8、10、12 mm,与不锈钢箱体配用时 $T=8$ mm。

供应商:中国原子能科学研究院实验工厂
邮编:102413
电话:010-69357656
传真:010-69357656
Email:ciaegongchang@163.com
地址:北京市房山区新镇

供应商:秦皇岛核风设备有限公司
邮编:066200
电话:0335-5032334
传真:0335-5031178
Email:shg404@163.com
地址:河北省山海关 217 信箱

59. 双面螺纹箱壁贯穿件

EJ/T 1175.5 图 29	EJ/T 1175.5 YS 015

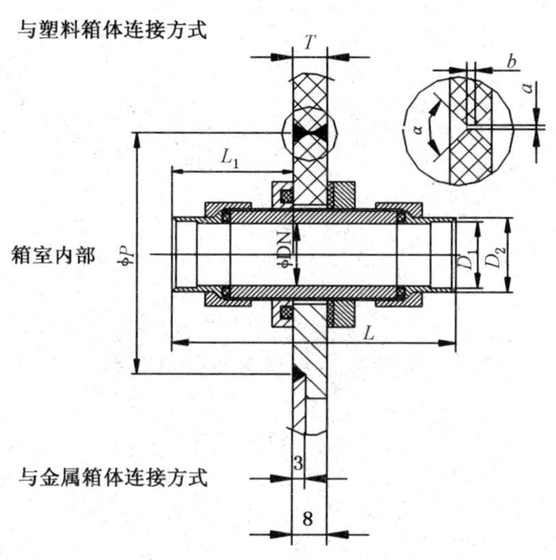

标记示例：

公称通径 DN 为 10 mm，进出口为焊接接头，与箱壁厚度为 6 mm 的聚氯乙烯箱体配用的双面螺纹箱壁流体贯穿件：

流体贯穿件 DN10×6 H（PVC） EJ/T 1175.5 YS 015

系列参数表

单位：mm

公称通径 DN	D_1	D_2	P	T				L_1
				6	8	10	12	
				L				
6	10	14	52	56	58	60	62	25
10	14	18	56	66	68	70	72	30
15	20	25	62	70	72	74	76	32
20	26	32	68	76	78	80	82	35
25	32	38	72	86	88	90	92	40

技术说明：

1. 本型贯穿件可配接焊接接头(H)、快速接头(K)、软管接头(R)。图中仅示出焊接接头连接方式，选用时需注明。选用其他连接方式时，表列尺寸会有相应变化，详情咨询供应商。

2. 与硬聚氯乙烯箱体或不锈钢箱体焊接时的技术要求可参见 EJ/T 1175.1 YS 002 及 YS 003 的技术说明。

3. 与硬聚氯乙烯(PVC)箱体配用时箱体壁厚 T 可选 6、8、10、12 mm，与不锈钢箱体配用时 T=8 mm。

供应商：中国原子能科学研究院实验工厂
邮编：102413
电话：010-69357656
传真：010-69357656
Email：ciaegongchang@163. com
地址：北京市房山区新镇

供应商：秦皇岛核风设备有限公司
邮编：066200
电话：0335-5032334
传真：0335-5031178
Email：shg404@163. com
地址：河北省山海关 217 信箱

60. 双侧O圈穿管接头

EJ/T 1175.5 图 32	EJ/T 1175.5 YS 016

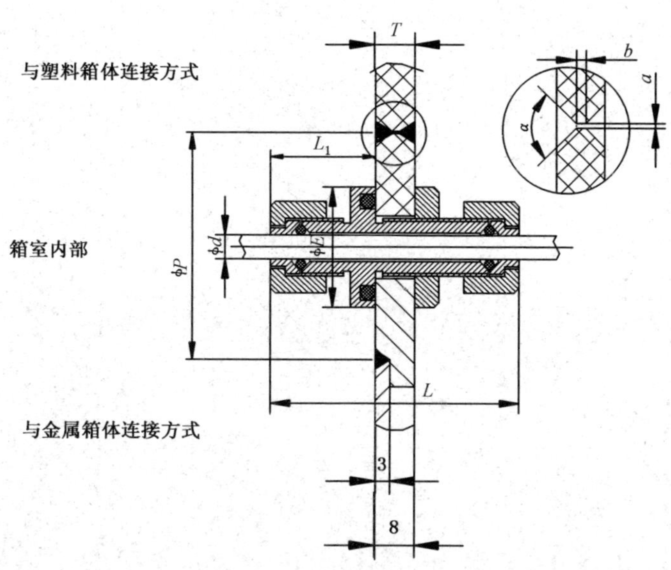

标记示例：

穿管外径 d=10 mm，与箱壁厚度 T 为 6 mm 的聚氯乙烯箱体配用的双侧O圈穿管接头：

双面穿管接头 10×6 (PVC)　EJ/T 1175.5 YS 016

系列参数表

单位：mm

<table>
<tr><td rowspan="3">穿管外径 d</td><td rowspan="3">E</td><td rowspan="3">P</td><td colspan="4">T</td><td rowspan="3">L₁</td></tr>
<tr><td>6</td><td>8</td><td>10</td><td>12</td></tr>
<tr><td colspan="4">L</td></tr>
<tr><td>10</td><td>36</td><td>56</td><td>56</td><td>58</td><td>60</td><td>62</td><td>25</td></tr>
<tr><td>14</td><td>40</td><td>60</td><td>66</td><td>68</td><td>70</td><td>72</td><td>30</td></tr>
<tr><td>18</td><td>45</td><td>65</td><td>70</td><td>72</td><td>74</td><td>76</td><td>32</td></tr>
<tr><td>22</td><td>50</td><td>70</td><td>76</td><td>78</td><td>80</td><td>82</td><td>35</td></tr>
<tr><td>25</td><td>55</td><td>75</td><td>86</td><td>88</td><td>90</td><td>92</td><td>40</td></tr>
</table>

技术说明：

1. 本型穿管接头适用于密封性分级为 2～4 级的密封箱室。穿过接头的管道应为精密级的冷拔不锈钢管。

2. 与硬聚氯乙烯箱体或不锈钢箱体焊接时的技术要求可参见 EJ/T 1175.1 YS 002 及 YS 003 的技术说明。

3. 与硬聚氯乙烯(PVC)箱体配用时箱体壁厚 T 可选 6、8、10、12 mm ，与不锈钢箱体配用时 $T=8$ mm。

---

61. 可带外套管的穿管接头

EJ/T 1175.5 图 33		EJ/T 1175.5 YS 017

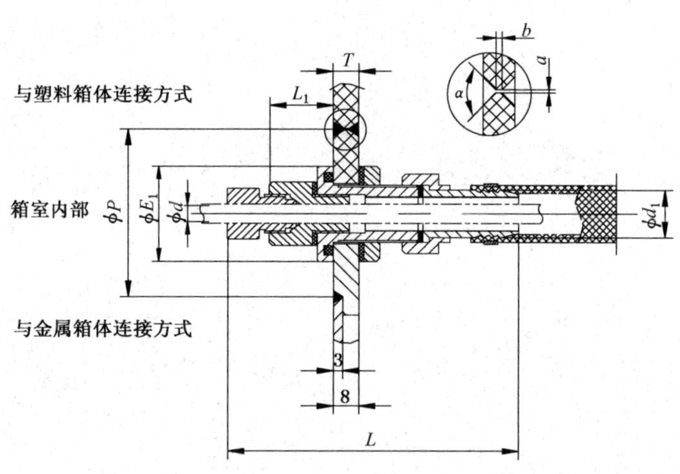

标记示例：

穿管外径 d=10 mm，外套软管接头外径 d_1=22 mm，与箱壁厚度 T 为 6 mm 的聚氯乙烯箱体配用的可带外套管的穿管接头：

带外套管穿管接头 10×22×6(PVC)　EJ/T 1175.5 YS 017

系列参数表

单位：mm

穿管外径 d	E	P	T				L_1	d_1
			6	8	10	12		
			L					
10	36	56	86	88	90	92	25	25
14	40	60	96	98	100	102	30	28
18	45	65	100	102	104	106	32	35
22	50	70	106	108	110	112	35	42
25	55	75	116	118	120	122	40	50

技术说明：

1. 本型穿管接头适用于密封性分级为2～4级的密封箱室。主要用于低放废液或强酸(氢氟酸等)进出密封箱室的管道密封。穿过接头的管道应为精密级的冷拔不锈钢管。

2. 与硬聚氯乙烯箱体或不锈钢箱体焊接时的技术要求可参见EJ/T 1175.1 YS 002及YS 003的技术说明。

3. 与硬聚氯乙烯(PVC)箱体配用时箱体壁厚 T 可选6、8、10、12 mm，与不锈钢箱体配用时 T=8 mm。

供应商：中国原子能科学研究院实验工厂
邮编：102413
电话：010-69357656
传真：010-69357656
Email：ciaegongchang@163.com
地址：北京市房山区新镇

供应商：秦皇岛核风设备有限公司
邮编：066200
电话：0335-5032334
传真：0335-5031178
Email：shg404@163.com
地址：河北省山海关217信箱

62. 穿箱壁固定的关闭阀

EJ/T 1175.5
图 34

EJ/T 1175.5
YS 018

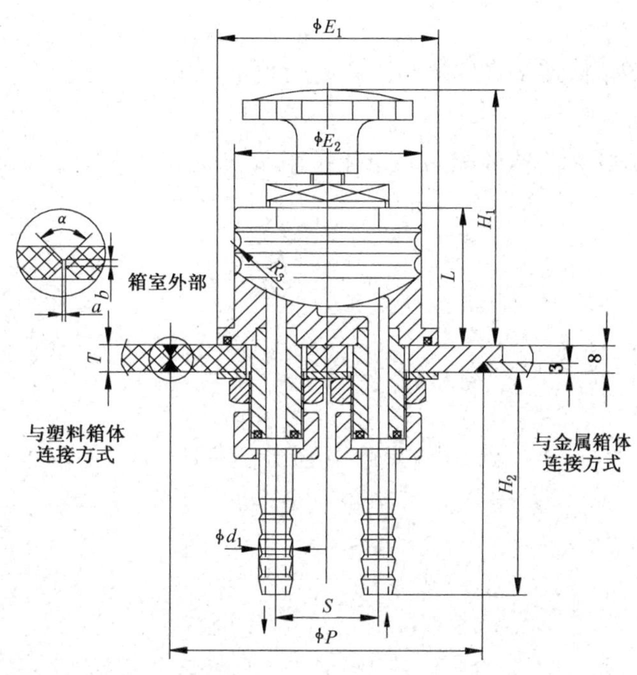

标记示例：

公称通径 DN 为 10 mm，进出口均为软管接头，与箱壁厚度为 6 mm 的聚氯乙烯箱体配用的带角阀的穿箱壁固定的关闭阀：

穿箱壁关闭阀 DN10×6 R (PVC) EJ/T 1175.5 YS 018

系列参数表

单位：mm

公称通径 DN	d_1	S	P	E_1	E_2	H_2	H_1	L
6	10	34	90	62	52	65	80	45
10	14	38	98	70	60	75	85	50
15	20	45	108	80	70	85	90	55
20	26	52	118	90	80	95	95	60
25	32	60	130	102	92	105	100	65

技术说明：

1. 本型阀门的进出口可配接焊接接头(H)、快速接头(K)、软管接头(R)。图中仅示出软管连接方式，选用时需注明。亦可按订货方要求配接其他形式的接头，选用其他连接方式时，表列尺寸会有相应变化，详情咨询供应商。

2. 本型阀门为不锈钢阀体的隔膜关闭阀，可用于各种腐蚀性液体及低放工艺流体。可在箱体外更换阀芯及膜片。若用于低放工艺流体则需利用阀体上的焊封袋环槽配用相应尺寸的焊封袋实施袋封更换。

3. 工作压力：0.2 MPa。

4. 与硬聚氯乙烯箱体或不锈钢箱体焊接时的技术要求可参见 EJ/T 1175.1 YS 002 及 YS 003 的技术说明。

5. 与硬聚氯乙烯(PVC)箱体配用时箱体壁厚 T 可选 6、8、10、12 mm，与不锈钢箱体配用时 T=8 mm。

供应商：中国原子能科学研究院实验工厂
邮编：102413
电话：010-69357656
传真：010-69357656
Email：ciaegongchang@163.com
地址：北京市房山区新镇

供应商：秦皇岛核风设备有限公司
邮编：066200
电话：0335-5032334
传真：0335-5031178
Email：shg404@163.com
地址：河北省山海关 217 信箱

63. 远距离接插气液接头

EJ/T 1175.5 6.3.2.3

EJ/T 1175.5 YS 019

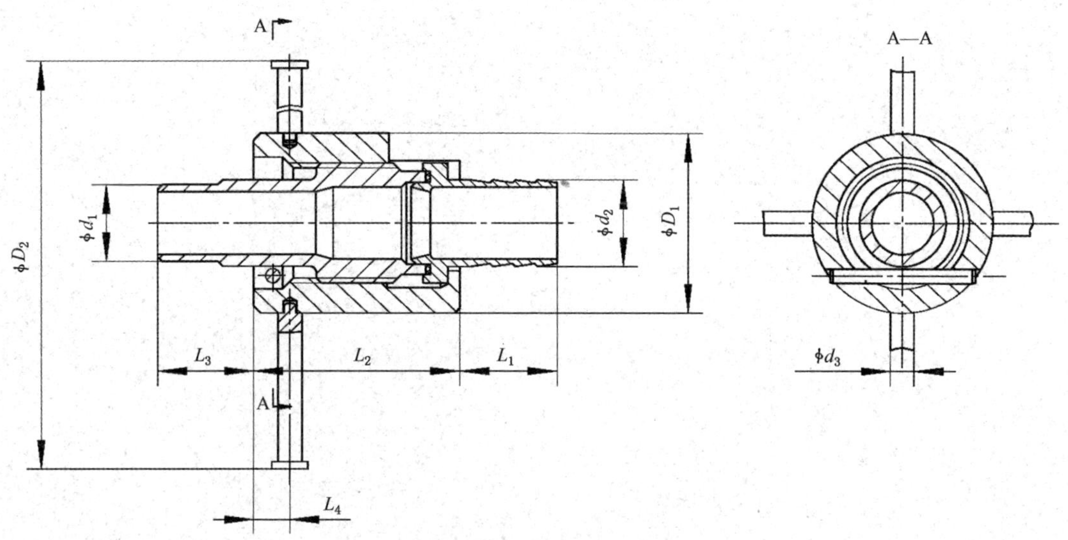

标记示例：

进出口公称管径为 6 mm 的不锈钢气液接头：

远距离接头 DN6　EJ/T 1175.5 YS 019

尺寸表

单位：mm

DN	d_1	d_2	d_3	D_1	D_2	L_1	L_2	L_3	L_4
6	10×2	10	8	22	90	20	35	15	10
10	14×2.5	14	8	26	95	25	40	20	12
15	18×3	18	8	30	100	30	45	25	14

技术说明：

1. 本型接头材料为不锈钢，用于热室内，左端与金属管道焊接固定，右端与软管连接，可用主从机械手实现远距离接插。

2. 试验压力：气压 0.2 MPa、水压 0.3 MPa。

3. 可根据订货方要求提供不同进出口管的连接方式。

供应商：秦皇岛核风设备有限公司
邮编：066200
电话：0335-5032334
传真：0335-5031178
Email：shg404@163.com
地址：河北省山海关 217 信箱

供应商：中国原子能科学研究院实验工厂
邮编：102413
电话：010-69357656
传真：010-69357656
Email：ciaegongchang@163.com
地址：北京市房山区新镇

64. 环境冷却灯具贯穿件

EJ/T 1175.6 图 19

EJ/T 1175.6 YS 001

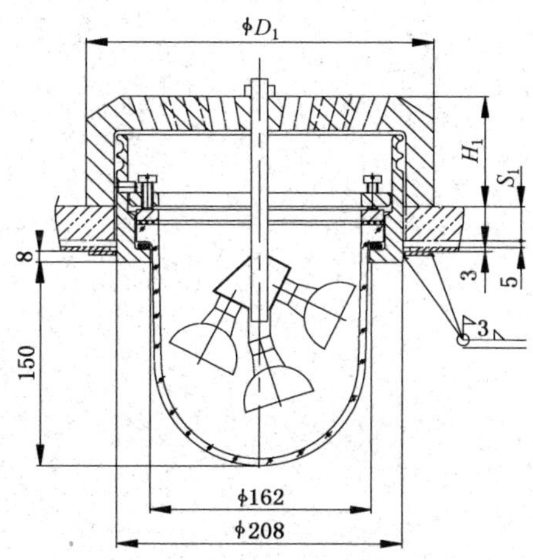

标记示例：

安装在屏蔽箱顶部，顶板厚度 $S_1=20$ mm 的由环境冷却的 GSXD 照明灯具：

灯具贯穿件 GSXD-H20　EJ/T 1175.6 YS 001

系列参数表

<table>
<tr><td>照明功率</td><td>250 W</td><td rowspan="2">S_1(mm)</td><td rowspan="2">H_1(mm)</td><td rowspan="2">D_1(mm)</td><td rowspan="2">灯盖重量(kg)</td></tr>
<tr><td>光效</td><td>≥25 lm/W</td></tr>
<tr><td>色温</td><td>≧2850°K</td><td rowspan="2">20</td><td rowspan="2">80</td><td rowspan="2">255</td><td rowspan="2">～15</td></tr>
<tr><td>显色指数</td><td>R_a≧95</td></tr>
<tr><td>满功率寿命</td><td>2500 h</td><td rowspan="2">25</td><td rowspan="2">85</td><td rowspan="2">265</td><td rowspan="2">～20</td></tr>
<tr><td>外接电源</td><td>～220 V</td></tr>
</table>

技术说明：

1. 本型灯具仅用于顶屏蔽板厚度为 20、25（对应前屏蔽板厚度为 25、50）的屏蔽手套箱，其换气次数≥20/h。标记示例中的 H 表示环境冷却。

2. 可根据用户要求提供以 LED 作为光源的照明灯具。

供应商：常熟市辐射技术开发应用研究所
常熟市虞山镇顾氏核用灯厂
邮编：215500
电话：0512-52363699
传真：0512-51538698
Email：gsd_lighting@163.com
地址：江苏省常熟市虞山镇高新技术产业园泰州路 9 号

65. 自冷却屏蔽箱用灯具贯穿件

EJ/T 1175.6 图 20	EJ/T 1175.6 YS 002

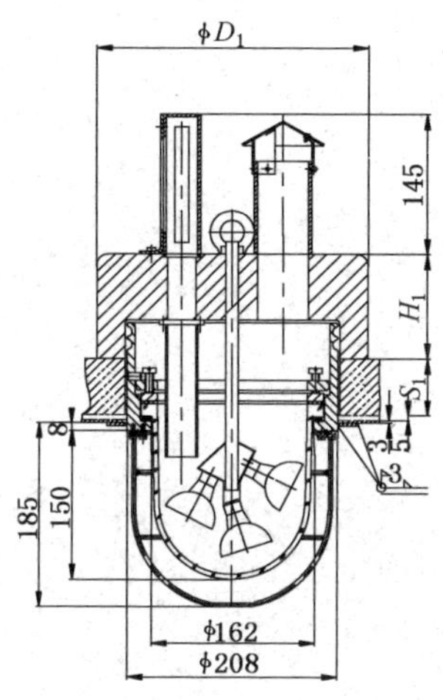

标记示例：

安装在屏蔽工作箱顶部，顶板厚度 S_1＝100 mm 的自冷却的 GSXD 照明灯具：

灯具贯穿件 GSXD-Z100　EJ/T 1175.6 YS 002

系列参数表

照明功率	250 W	S_1(mm)	H_1(mm)	D_1(mm)	灯盖重量(kg)
光效	≥25 lm/W				
色温	≧2850°K	50	90	295	～46.5
显色指数	R_a≧95	75	115	335	～67.5
满功率寿命	2500 h	100*	80	395	～45
外接电源	～220 V	125*	90	315	～82
冷却功率	≤50 W	175*	120	375	～132
玻壳表面温升	≤45 ℃				

*：S_1≥100 时，灯盖采用不锈钢壳体灌铅结构。

技术说明：

1. 本型灯具用于顶屏蔽板厚度为 50、75、100、125、175（对应前屏蔽板厚度为 75、100、125、150、200）的屏蔽手套箱或工作箱。

2. 标记示例中的 Z 表示自带冷却装置。

3. 可根据用户要求提供以 LED 作为光源的照明灯具。

供应商：常熟市辐射技术开发应用研究所

常熟市虞山镇顾氏核用灯厂

邮编：215500

电话：0512-52363699

传真：0512-51538698

Email：gsd_lighting@163.com

地址：江苏省常熟市虞山镇高新技术产业园泰州路 9 号

66. 自冷却热室用灯具贯穿件

EJ/T 1175.6 图 21

EJ/T 1175.6 YS 003

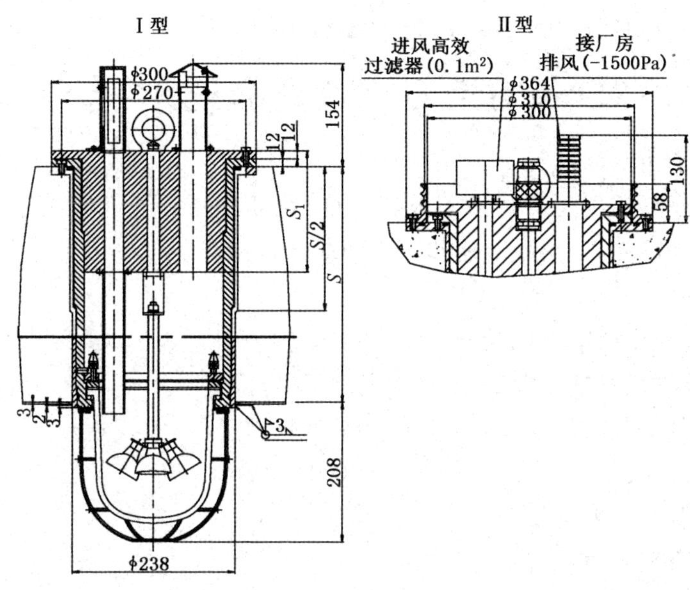

标记示例：

安装在γ热室顶部，顶屏蔽墙厚度 S＝800 mm(γ＝2.2 混凝土)的自冷却的 GSXD 照明灯具：

灯具贯穿件 GSXD Ⅰ Z800　EJ/T 1175.6 YS 003

系列参数表

照明功率	250 W	S_1(mm)	H_1(mm)	灯塞质量(kg)
光效	≥25 lm/W			
色温	≧2850°K	300	80	～24
显色指数	R_a≧95	400	120	～36
满功率寿命	2500 h	500	150	～45
外接电源	～220 V	650	180	～54
冷却功率	≤50 W	800	220	～66
玻壳表面温升	≤45 ℃			

技术说明：

1. 灯具用于顶屏蔽墙（γ=2.2 混凝土）厚度为 300、400、500、650、800(mm)，对应前屏蔽墙厚度（γ=2.2 混凝土）为 400、500、650、800、1000(mm)的热室。标记示例中需注明顶屏蔽墙厚度，也可提供其他厚度和密度的灯具，详情咨询供应商。

2. 灯具分为两型，Ⅰ型仅由玻璃罩提供密封，适用于 γ 热室，其冷却气体采自周边环境，也直接排在周边。Ⅱ型除由玻璃罩提供密封外，屏蔽塞及其上的进风口、电连接器均有密封或阻隔功能，排出气体由管道与厂房排风管连接，具有较高的安全性，适用于 α-γ 热室。图中仅示出软管连接方式，也可提供其他连接方式，如卡箍、法兰等。详情咨询供应商。

3. 可根据用户要求提供以 LED 作为光源的照明灯具。

附件：GSXD 箱室用照明灯具的设计、选型及运用

1 设计原则及引用标准

1.1 充分考虑照明用光源技术的最新进展，在满足核行业尤其是箱室照明设备的操作、维修和环境要求前提下，实现节能和环保的综合目标。

1.2 引用标准

——灯具一般安全要求与试验　GB 7000.1—2007

——固定式通用灯具安全要求　GB 7000.10—2008

——核用水下照明装置　EJ 1088—1998

——工业企业照明设计标准　GB 50034—2013

2 照明灯具及光源的选型

2.1 GSXD 箱室照明灯具布置方案

GSXD 照明灯具现有上列的三个品种：①环境冷却灯具贯穿件；②自冷却屏蔽箱用灯具贯穿件；③自冷却热室用灯具贯穿件。前两种的布置与老标准 EJ 65－75 原则相同，但在光源选择、光源更换、散热、玻璃罩的袋封更换方面有诸多改进。第三种用于强放的混凝土热室，主要优点是可在不中断热室密封的条件下实现光源的更换，提高了热室内部空间的利用率，适于在热室箱体内未配置远距离操作装置（如遥控吊车、专用吊具、密封转运装置）的热室使用。

2.2 GSXD 箱室照明灯具设计要素

2.2.1 光源：采用寿命 2500 h 以上，不含汞，色温≥2850 K、显色指数 R_a≥95 的光源，如卤钨灯（碘钨灯、溴钨灯等），供电电压一般使用交流 220 V、50 Hz 供电，低压供电时灯具自带变压器。

2.2.2 温升：利用有效的散热手段，保持灯具透光罩温升不大于 45 ℃。

2.2.3 玻璃选材：透光罩材质用硬质耐热玻璃，由于成本过高，只在特殊情况下才选用石英玻璃。

2.2.4 耐蚀性：与工作介质接触或可能受污染的部件用奥氏体不锈钢制作。

2.2.5 耐热性：灯具内的部件，布线和安装面具有长期耐受 75 ℃热环境的能力。

2.2.6 耐冲撞性：在透光罩外加设不锈钢防护网，可防止操作不慎导致损坏透光罩。

2.2.7　电压变化适应性：使用220 V、50 Hz交流电源供电，电压在198～242 V范围变化时光源的亮度会随电压变化但是仍能提供照明。

2.2.8　常规安全要求：绝缘电阻、电气强度、接地要求、泄漏电流等对灯具的常规安全要求按GB 7000.1－2007标准执行。

2.2.9　耐辐照要求：光源玻璃和透光罩玻璃的耐辐照能力≥3×10^4Gy，其余非金属部件（包括有机材料）的耐辐照能力≥1×10^5Gy，在接受上述累积剂量照射后不损坏、不变形、不龟裂，同时光源玻璃和透光罩玻璃透光率的变化≤15%。

2.2.10　眩光限制：符合GB 50034－2013标准件A级要求，即“无眩光”。

3　密封箱室照度推荐值

由于箱室前屏蔽层厚度不同，其窥视窗透光率也不同，在设计时需考虑操作人员实际的视觉照度感受，结合GB 50034－1992标准及放射性物质操作特点，推荐如下照度值：

箱室类别		高照度要求(lx)		一般照度要求(lx)	
		工作面	侧面	工作面	侧面
手套箱通风柜		1000～3000	500～1000	500～1000	200～300
箱室前屏蔽板厚度(mm)(Fe)	75	2000～3000	500～1000	2000	500
	100	3000～4000	500～1000	2000～3000	600
	125	4000～6000	1000	3000～4000	600
	150	5000～7000	1200	4000～6000	1000
	200	5000～10000	1500	5000～6000	1200

说明：

1）屏蔽板材质为铸铁，考虑到屏蔽与土建设计因素，与其对应的普通混凝土厚度参考值如下：

铸铁板厚度(mm)	75	100	125	150	200
普通混凝土厚度(mm)	200	250～300	300	400	800

2）表中“高照度要求”是指精细操作以上的照度要求，“一般照度要求”是指精细操作要求。

3）表中所列照度值均为平均照度值。

4）在箱室内照度配置有特殊要求或要求箱室内照度配置达到最佳化的用户，供货商可提供技术咨询。

供应商：常熟市辐射技术开发应用研究所
　　　　常熟市虞山镇顾氏核用灯厂
邮编：215500
电话：0512-52363699
传真：0512-51538698
Email：gsd_lighting@163.com
地址：江苏省常熟市虞山镇高新技术产业园泰州路9号

67. 屏蔽内置折管通风贯穿件

EJ/T 1175.6
图 2 a)

EJ/T 1175.6
YS 004

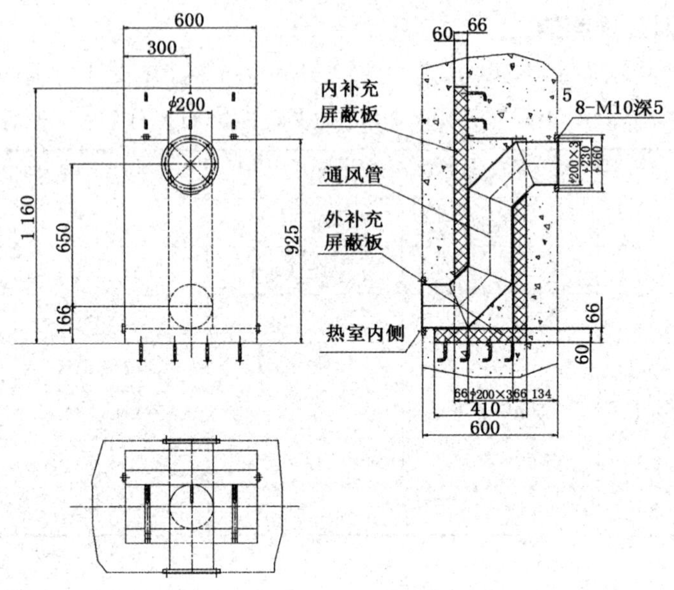

标记示例：

风管直径 D=200 mm,屏蔽墙厚度(γ=2.2 混凝土)600 mm 的屏蔽内置折管通风贯穿件：

屏蔽内置折管通风贯穿件 200×600(γ=2.2)　EJ/T 1175.6 YS 004

系列参数表

屏蔽墙厚度 S(mm)	密度(g/cm^3)	风管直径 D(mm)		
		200	250	300
600	2.2	●	●	●
	3.1	●	●	●
800	2.2	●	●	●
	3.1	●	●	●
1000	2.2	●	●	●
	3.1	●	●	●

技术说明：

上图仅示出风管直径 D＝200 mm，屏蔽墙（γ＝2.2 混凝土）厚度 S＝600 mm 的屏蔽内置折管通风贯穿件，用户可根据系列参数表选择其他参数的贯穿件，也可选择表格以外的其他参数的贯穿件。详情请咨询供应商。

供应商：中国辐射防护研究院
邮编：030006
电话：0351-2203175
传真：0351-2202377
Email：JRHou6@163.com
地址：太原市学府街 102 号

68. 无接管单螺旋通风贯穿件

EJ/T 1175.6
图 3,图 4

EJ/T 1175.6
YS 005

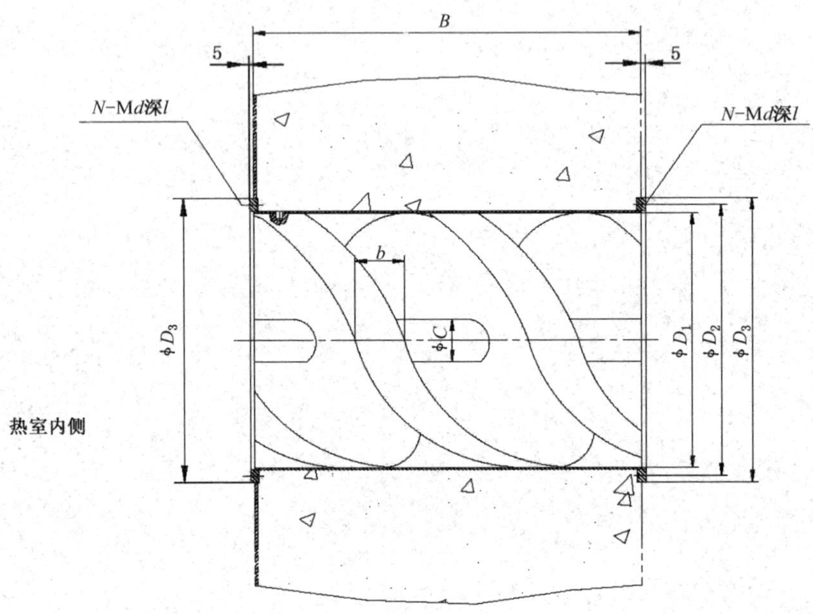

标记示例：

屏蔽墙厚度(γ=2.2 混凝土)B=450 mm,风管直径 D_1=300 mm,风管材料为不锈钢的无接管单螺旋通风贯穿件：

无接管单螺旋通风贯穿件 S450(SS)　EJ/T 1175.6 YS 005

参数及尺寸表

参数及尺寸	规格		
	S	M	L
公称直径 D_1(mm)	300	500	750
长度 B(mm)	450～2200	600～2200	800～2200
螺距(mm)	600	800	1000
螺纹头数（长度最小时）	3	4	5
螺牙轴向厚度 b(mm)	60	60	60
心轴直径 C(mm)	50	80	110
每延米螺旋质量(kg)	155	430	880
有效过流面积(m^2)	0.034	0.104	0.3
法兰螺孔中心直径 D_2(mm)	330	540	800
法兰外径 D_3(mm)	350	570	840
法兰螺孔数 N	12	16	24
法兰螺孔直径 d(mm)	8	10	10
法兰螺孔深度 l(mm)	12	15	15

技术说明：

1. 本型贯穿件的风管和法兰可用碳钢(标记为 CS)或不锈钢(标记为 SS)制造。

2. 本型贯穿件推荐用于 $\gamma=2.2$ 的混凝土墙，用于 $\gamma=3.1$ 的重混凝土墙时会出现不同的螺旋及风管结构，详见 EJ/T 1175.6 附录 A。

3. 本型贯穿件的压力损失还与通过风量及两端接口形式有关，详见 EJ/T 1175.6 附录 A。

供应商：中国辐射防护研究院
邮编：030006
电话：0351-2203175
传真：0351-2202377
Email：JRHou6@163.com
地址：太原市学府街 102 号

69. 屏蔽箱用袋封更换电气贯穿件

EJ/T 1175.6 图 9	EJ/T 1175.6 YS 006

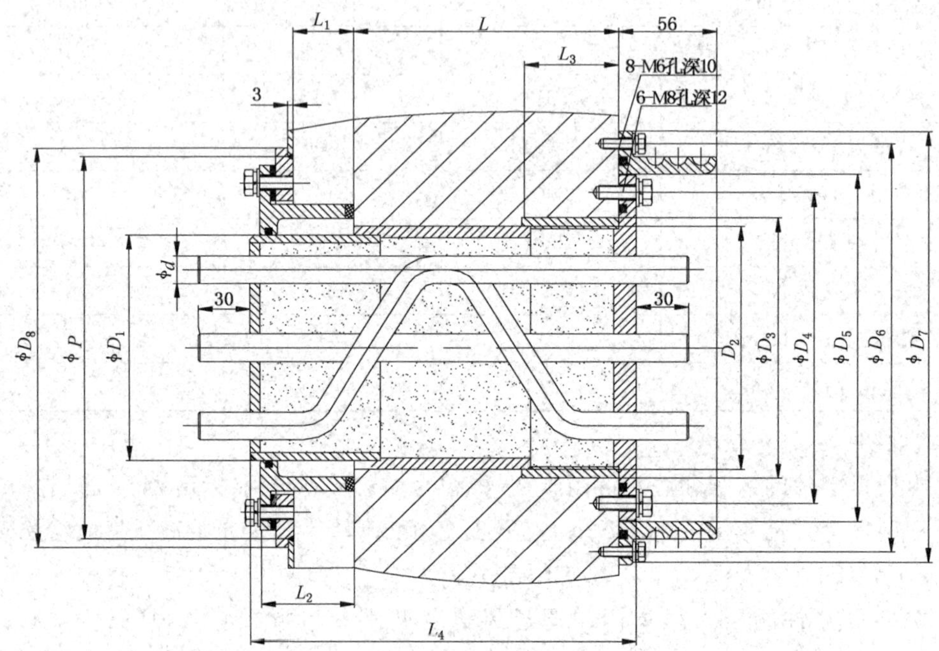

标记示例：

屏蔽厚度 $L=75$ mm(Fe)，电缆管数 3，箱壁间隙 $L_1=5$ mm，用 DN180 焊封袋更换的电气贯穿件：

电气贯穿件 75×3×5　EJ/T 1175.6 YS 006

系列参数表　　单位：mm

电缆管数	L	L_1						L_3	D_1	P	D_2	D_3	D_4	D_5	D_6	D_7	D_8
		5		10		35											
		L_2	L_4	L_2	L_4	L_2	L_4										
3	75	25	120	30	120	55	150	40	124	170	130	136	160	180	216	230	185
	100	25	145	30	145	55	175	55	124	170	130	136	160	180	216	230	185
	150	25	195	30	195	55	225	80	124	170	130	136	160	180	216	230	185
	200	25	245	30	245	55	275	110	124	170	130	136	160	180	216	230	185
6	75	30	125	35	125	60	155	40	144	190	150	156	180	200	236	250	205
	100	30	150	35	150	60	180	55	144	190	150	156	180	200	236	250	205
	150	30	200	35	200	60	230	80	144	190	150	156	180	200	236	250	205
	200	30	250	35	250	60	280	110	144	190	150	156	180	200	235	250	205

技术说明：

1. 本型贯穿件用于屏蔽手套箱或工作箱的电缆引入，有两种规格：引入电缆管3根或6根。电缆管直径为ϕ20×1。需要其他规格的电缆管时，请咨询供货商。

2. 本型贯穿件可安装在屏蔽手套箱或工作箱的三面屏蔽墙上，$L_1=5$ 时用于侧墙或顶板；$L_1=10$ 时用于前墙；$L_1=35$ 时用于后墙。

3. 本型贯穿件的纵向 γ 屏蔽能力与相应厚度的Fe相当(能谱按铯-137)。

4. 本型贯穿件亦可用于气、液管线的引入。

供应商：中国原子能科学研究院实验工厂
邮编：102413
电话：010-69357656
传真：010-69357656
Email：ciaegongchang@163.com
地址：北京市房山区新镇

供应商：秦皇岛核风设备有限公司
邮编：066200
电话：0335-5032334
传真：0335-5031178
Email：shg404@163.com
地址：河北省山海关217信箱

70. 剑式机械手 J1

EJ/T 1108 图 15，9.1	EJ/T 1108 YS 001

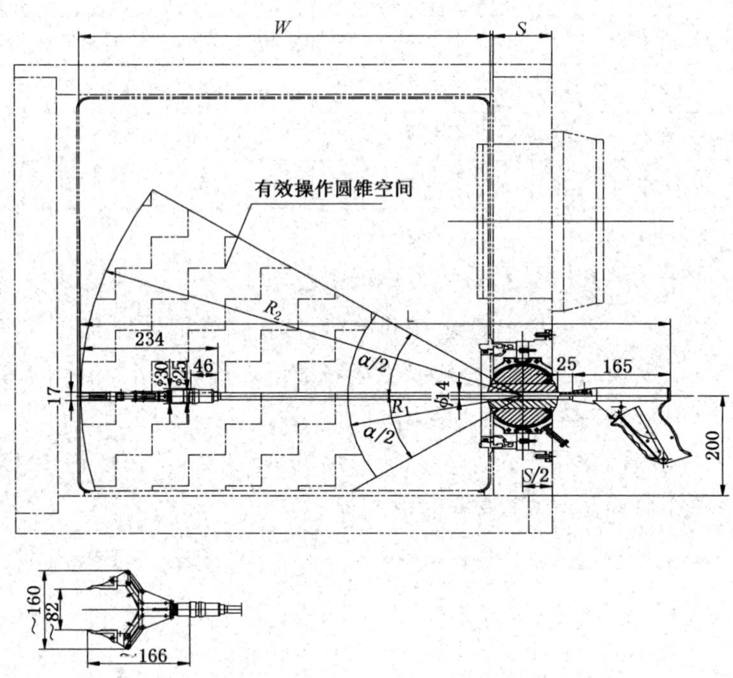

标记示例：

总长 L＝1000 mm，前屏蔽板厚度 S＝100 mm(Fe)，带密封套和密封接头的剑式机械手 J1：

剑式机械手 J1 Ⅰ100(Fe)×1000 EJ/T 1108 YS 001

J1 型剑式机械手的操作范围　　　　单位:mm

箱体深度 W	前屏蔽板厚度 S(Fe或 Pb)	总长度 L		操作范围			
				R_1	R_2	圆锥角 α	进退行程 l
700	75(Fe或 Pb)	L	1080*	284	740	80°	580
		M	980	284	740	80°	480
		S	880	284	640	80°	380
700	100(Fe或 Pb)	L	1100*	294	750	67°	580
		M	1 000	294	750	67°	480
		S	900	294	650	67°	380
	150(Fe)	L	1150*	309	785	75°	710
		M	1050	309	785	75°	610
		S	950	309	685	75°	510
	200(Fe)	L	1200*	324	820	70°	730
		M	1100	324	820	70°	630
		S	1000	324	720	70°	530
800	75(Fe或 Pb)	L	1180*	284	840	80°	680
		M	1080	284	840	80°	580
		S	980	284	740	80°	480
	100(Fe或 Pb)	L	1200*	294	850	67°	680
		M	1100	294	850	67°	580
		S	1000	294	750	67°	480
	150(Fe)	L	1250*	309	885	75°	810
		M	1150	309	885	75°	710
		S	1050	309	785	75°	610
	200(Fe)	L	1300*	324	920	70°	830
		M	1200	324	920	70°	730
		S	1100	324	820	70°	630
900	75(Fe或 Pb)	L	1280*	284	940	80°	780
		M	1180	204	010	80°	680
		S	1080	284	840	80°	580
	100(Fe或 Pb)	L	1300*	294	950	67°	780
		M	1200	294	950	67°	680
		S	1100	294	850	67°	580
	150(Fe)	L	1350*	309	985	75°	910
		M	1250	309	985	75°	810
		S	1150	309	885	75°	710
	200(Fe)	L	1400*	324	1020	70°	930
		M	1300	324	1020	70°	830
		S	1200	324	920	70°	730

*:加长型(L 型)用于箱体后壁有转运孔时,当转运孔正对球承时,夹钳可进入转运孔100 mm,但在箱体内的操作范围与 M 型相同。

技术说明：

1. 机械手的总长度 L 随工作箱箱体深度 W、前屏蔽板厚度 S 及操作要求而变，也可按需要提供表格以外的长度。

2. 与机械手配套使用的装置包括：球承、夹钳更换架、密封套、密封套更换装置，选用时请向供应商咨询。

3. 机械手分两种配置，带密封接头和密封套时为Ⅰ型，不带时为Ⅱ型，选用时需注明。

4. 选用时还需同时注明前屏蔽板厚度 S 及屏蔽材料(Fe 或 Pb)，以便选定适配的球承。

5. 在不同操作位置上，机械手操作力为～30～50 N，总重量～4 kg。

6. 由于可能配备不同结构及尺寸的夹钳和球承，上表给出的操作范围会有少许变化，选用时应留出一定裕度。

7. 上表示出的操作范围是机械手的几何参数所能达到的范围，实际的操作范围限定在箱体之内。

8. 上表中总长度一栏内的 L、M、S 分别代表加长型、标准型和减短型。

供应商：成都航天烽火精密机电有限公司
邮编：610100
电话：028-84864868
传真：028-84869068
Email：gdl818@126.com
地址：成都经济技术开发区龙泉驿大连路 2 号

71. 关节剑式机械手 J3

EJ/T 1108
图 15,9.1

EJ/T1108
YS 002

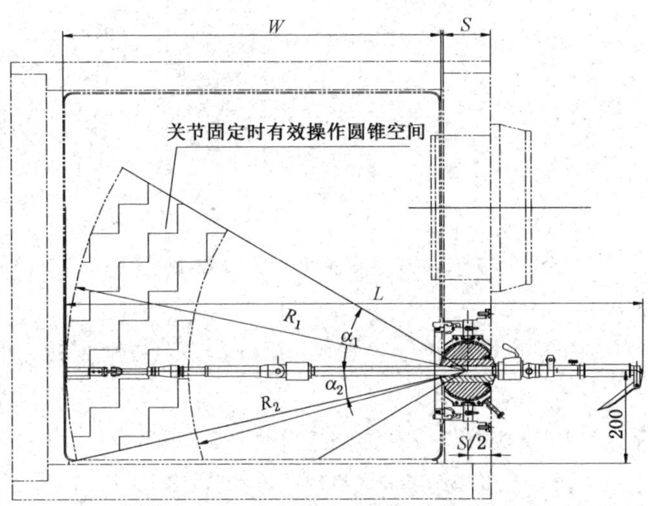

图 1　关节固定时机械手的操作范围

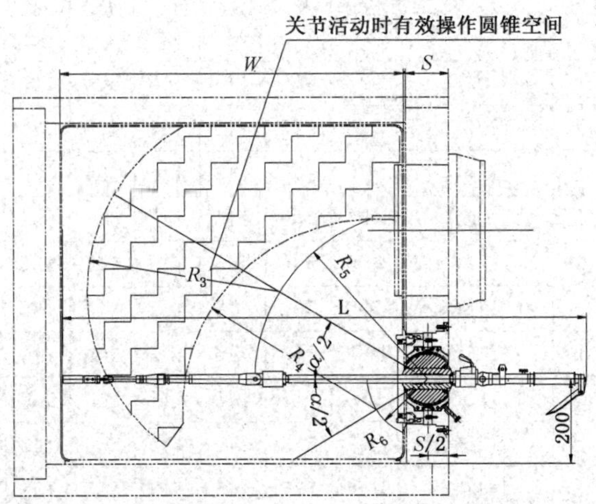

图 2　关节活动时机械手的操作范围

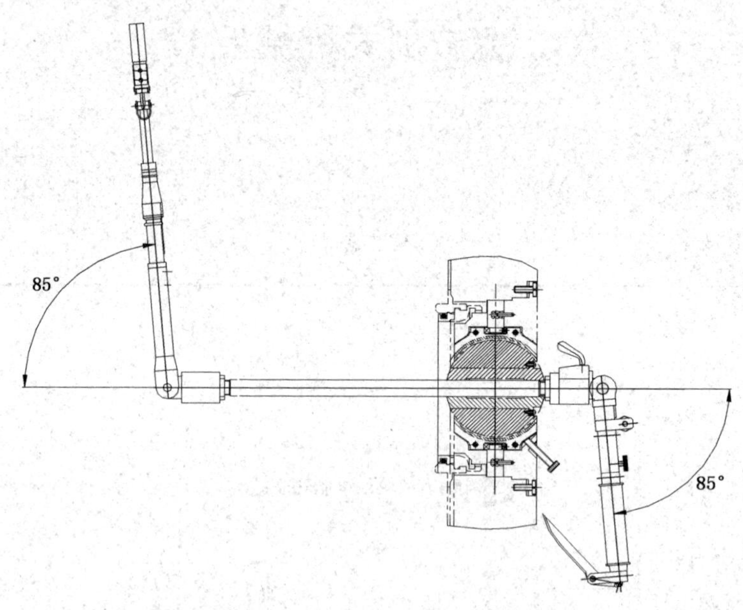

图 3　关节剑式机械手 J3 主、从臂对应关系

标记示例：

总长 L=1250 mm，前屏蔽板厚度 S=150 mm(Fe)，带密封套和密封接头的关节剑式机械手 J3：

关节剑式机械手 J3 Ⅰ150(Fe)×1250　EJ/T 1108 YS 002

J3 型关节剑式机械手的操作范围　　单位：mm

箱体深度 W	前屏蔽板厚度 S (Fe 或 Pb)	总长度 L		操作范围									
				R_1	R_2	R_3	R_4	R_5	R_6	α	α_1	α_2	进退行程 l
800	150(Fe)	L	1350*	975	715	445	445	500	140	62°	31°	11°	360
		M	1250	875	615	445	445	400	140	62°	31°	13°	260
		S	1150	775	515	445	445	300	140	62°	31°	15°	160
	200(Fe)	L	1380*	990	730	445	445	515	155	64°	32°	11°	360
		M	1280	890	630	445	445	415	155	64°	32°	13°	260
		S	1180	790	530	445	445	315	155	64°	32°	15°	160
900	150(Fe)	L	1450*	1075	815	445	445	500	140	62°	31°	10°	460
		M	1350	975	715	445	445	400	140	62°	31°	12°	360
		S	1250	875	615	445	445	300	140	62°	31°	14°	260
	200(Fe)	L	1480*	1090	830	445	445	515	155	64°	32°	10°	460
		M	1380	990	730	445	445	415	155	64°	32°	12°	360
		S	1280	890	630	445	445	315	155	64°	32°	14°	260

*：加长型(L 型)用于箱体后壁有转运孔时，当转运孔正对球承时，夹钳可进入转运孔 100 mm，但在箱体内的操作范围与 M 型相同。

技术说明：

1. 机械手的总长度 L 随工作箱箱体深度 W、前屏蔽板厚度 S 及操作要求而变，也可按需要提供表格以外的长度。

2. 与机械手配套使用的装置包括：球承、夹钳更换架、密封套、密封套更换装置，选用时请向供货商咨询。

3. 机械手分两种配置，带密封接头和密封套时为Ⅰ型，不带时为Ⅱ型，选用时需注明。

4. 在不同操作位置上，机械手最大操作力为～30 N，夹持物体最大重量：水平 2 kg，垂直 5 kg。总重量～13～14 kg。

5. 由于可能配备不同结构及尺寸的夹钳和球承，上表给出的操作范围会有少许变化，选用时应留出一定裕度。

6. 上表示出的操作范围是机械手的几何参数所能达到的范围，实际的操作范围限定在箱体之内。

供应商：成都航天烽火精密机电有限公司
邮编：610100
电话：028-84864868
传真：028-84869068
Email：gdl818@126.com
地址：成都经济技术开发区龙泉驿大连路 2 号

72. 剑式机械手 JS201

EJ/T 1108 图 15,9.1	EJ/T 1108 YS 003

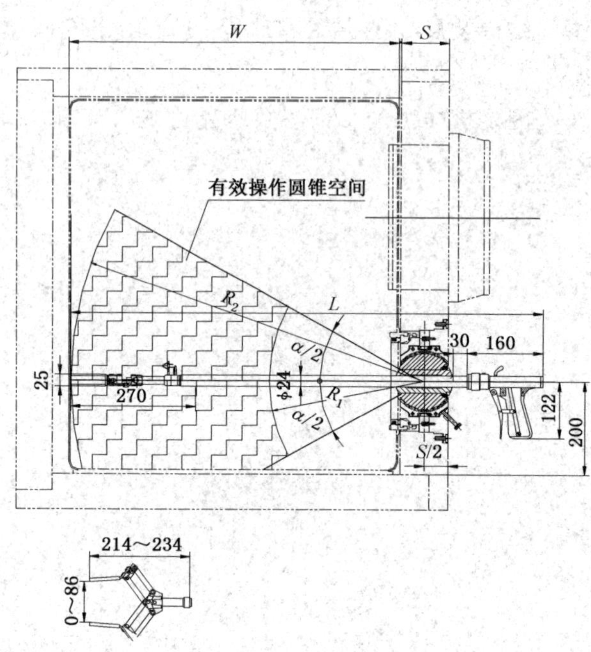

标记示例：

总长 $L=1000$ mm，前屏蔽板厚度 $S=100$ mm(Fe)，带密封套和密封接头的剑式机械手 JS201：

剑式机械手 JS201　Ⅰ100(Fe)×1000　EJ/T 1108 YS 003

JS201 型剑式机械手的操作范围　　单位:mm

箱体深度 W	前屏蔽板厚度 S (Fe或Pb)	总长度 L		操作范围			
				R_1	R_2	圆锥角 α	进退行程 l
700	75(Fe或Pb)	L	1080*	320	740	70°	520
		M	980	320	740	70°	420
		S	880	320	640	70°	320
	100(Fe或Pb)	L	1100*	330	750	58°	520
		M	1000	330	750	58°	420
		S	900	330	650	58°	320
	150(Fe)	L	1150*	345	775	65°	530
		M	1050	345	775	65°	430
		S	950	345	675	65°	330
	200(Fe)	L	1200*	360	790	70°	530
		M	1100	360	790	70°	430
		S	1000	360	690	70°	330
800	75(Fe或Pb)	L	1180*	320	840	70°	620
		M	1080	320	840	70°	520
		S	980	320	740	70°	420
	100(Fe或Pb)	L	1200*	330	850	58°	620
		M	1100	330	850	58°	520
		S	1000	330	750	58°	420
	150(Fe)	L	1250*	345	875	65°	630
		M	1150	345	875	65°	530
		S	1050	345	775	65°	430
	200(Fe)	L	1300*	360	890	70°	630
		M	1200	360	890	70°	530
		S	1100	360	790	70°	430
900	75(Fe或Pb)	L	1280*	320	940	70°	720
		M	1180	320	940	70°	620
		S	1080	320	840	70°	520
	100(Fe或Pb)	L	1300*	330	950	58°	720
		M	1200	330	950	58°	620
		S	1100	330	750	58°	520
	150(Fe)	L	1350*	345	975	65°	630
		M	1250	345	975	65°	530
		S	1150	345	875	65°	430
	200(Fe)	L	1400*	360	990	70°	730
		M	1300	360	990	70°	630
		S	1200	360	890	70°	530

*加长型(L 型)用于箱体后壁有转运孔时,当转运孔正对球承时,夹钳可进入转运孔 100 mm,但在箱体内的操作范围与 M 型相同。

技术说明：

1. 机械手的总长度 L 随工作箱箱体深度 W、前屏蔽板厚度 S 及操作要求而变，也可按需要提供表格以外的长度。

2. 与机械手配套使用的装置包括：球承、夹钳更换架、密封套、密封套更换装置，选用时请向供应商咨询。

3. 机械手分两种配置，带密封接头和密封套时为Ⅰ型，不带时为Ⅱ型，选用时需注明。

4. 选用时还需同时注明前屏蔽板厚度 S 及屏蔽材料（Fe 或 Pb），以便选定适配的球承。

5. 在不同操作位置上，机械手操作力为～20N，总质量～4.5 kg。

6. 由于可能配备不同结构及尺寸的夹钳和球承，上表给出的操作范围会有少许变化，选用时应留出一定裕度。

7. 上表示出的操作范围是机械手的几何参数所能达到的范围，实际的操作范围限定在箱体之内。

8. 上表中总长度一栏内的 L、M、S 分别代表加长型、标准型和减短型。

供应商：成都航天烽火精密机电有限公司
邮编：610100
电话：028-84864868
传真：028-84869068
Email：gdl818@126.com
地址：成都经济技术开发区龙泉驿大连路 2 号

73. 主从机械手 ZC104

EJ/T 1108 表 D. 1	EJ/T 1108 YS 004

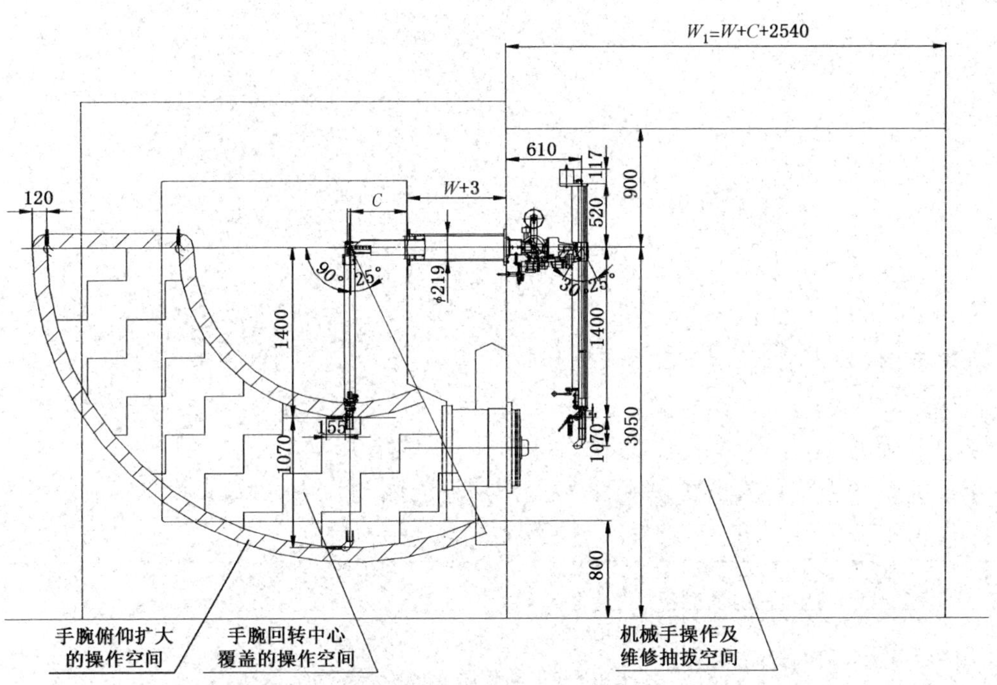

机械手操作范围侧视图

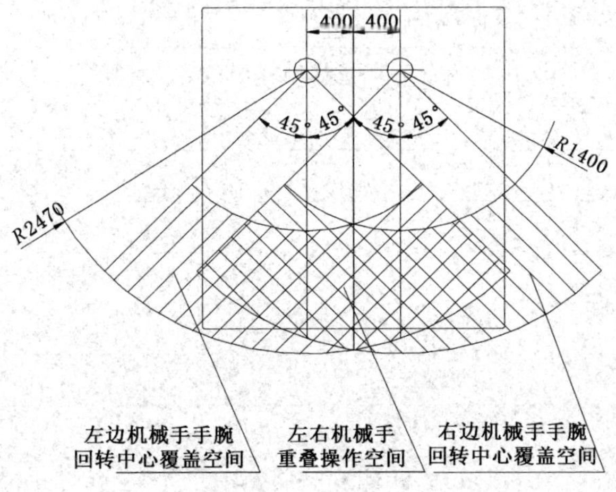

机械手操作范围正视图

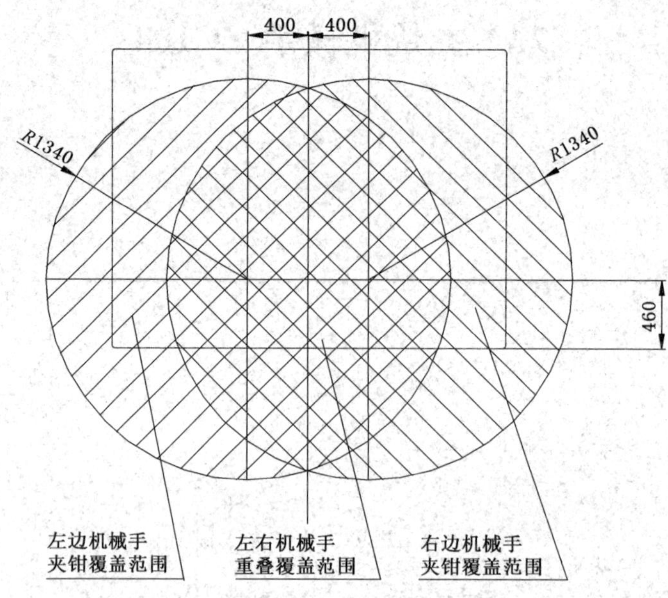

机械手夹钳在热室内箱底板上的操作范围

标记示例：

前屏蔽墙厚度为 800 mm(混凝土 $\gamma=2.2$)、从动臂悬臂深度 $C=460$ mm 的带密封套的 ZC104 型主从机械手：

主从机械手 ZC104 800(混凝土 $\gamma=2.2$)×460　EJ/T 1108 YS 004

操作特性及参数表

穿墙管中心安装高度	3050 mm
穿墙管旋转范围(X 向运动)	手动±45° 电动±25°(主动臂垂直,从动臂移动)
Y 向运动(手动及电动变位)	向前 90°
Y 向运动(手动)	向后 30°
Y 向运动(电动变位)	+80°,−25°(主动臂垂直,从动臂移动)
Z 向运动	1070 mm
方位旋转(中间位置)	±174°
手腕仰俯(水平线下 38°起始)	±82°
手把和夹钳扭转	±164°
夹钳张开最大尺寸	80 mm
任意位置操作质量(手动)	7 kg
夹钳吊钩垂直起吊质量	15 kg
外接电源	220 V,50 Hz,0.1 kW

技术说明：

1. 本型机械手的操作范围及相关参数见上图及表，所在热室的内箱尺寸、W、C 及 W_1 及维修抽拔的空间尺寸由订货方自订。参见 EJ/T 1108 附录 D。

2. 与本机械手配套使用的装置包括：夹钳更换架、密封套、密封套更换装置，选用时请向供应商咨询。

3. 选用时还需同时注明前屏蔽墙厚度 W 及屏蔽材料(Fe 或混凝土)，以便确定水平管的屏蔽要求。

4. 上图表示出的操作范围是机械手的几何参数所能达到的范围，实际的操作范围限定在热室箱体之内。此外，上图表示出的操作范围是 $C=460$ mm 时的状态，C 值不同时，侧视图上的操作范围会平移相应的数值。

供应商：成都航天烽火精密机电有限公司
邮编：610100
电话：028-84864868
传真：028-84869068
Email：gdl818@126.com
地址：成都经济技术开发区龙泉驿大连路 2 号

74. 主从机械手 ZC105

EJ/T 1108 表 D.1	EJ/T 1108 YS 005

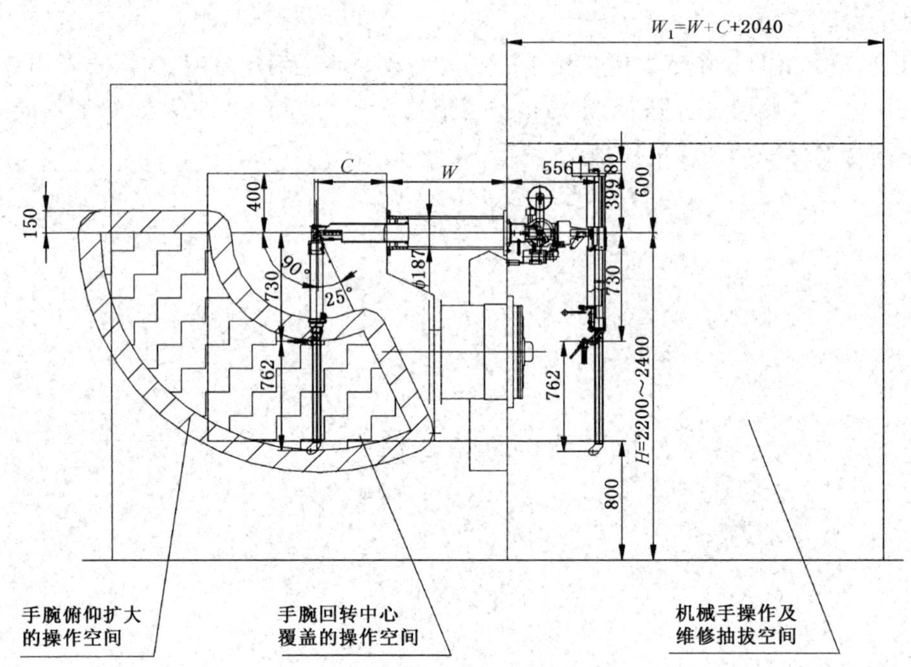

机械手操作范围侧视图

375～400 375～400

45° 45° 45° 45°

R730

R1492

左边机械手手腕回转中心覆盖空间

左右机械手重叠操作空间

右边机械手手腕回转中心覆盖空间

机械手操作范围正视图

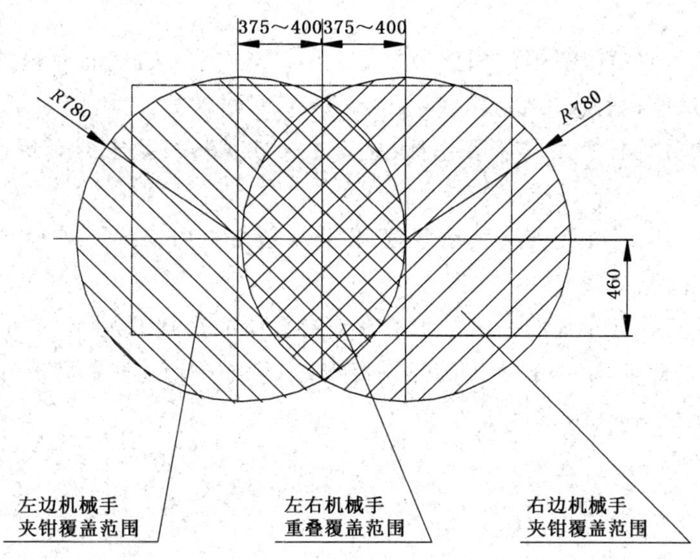

H=2200时机械手夹钳在热室内箱底板上的操作范围

标记示例：

前屏蔽墙厚度为800 mm（混凝土 γ=2.2）、从动臂悬臂深度 C=460 mm的带密封套的ZC105型主从机械手：

主从机械手 ZC105 800（混凝土 γ=2.2）×460 EJ/T 1108 YS 005

操作特性及参数表

穿墙管中心安装高度	2200～2400 mm
穿墙管旋转范围（X 向运动）	手动±45° 电动±25°（主动臂垂直，从动臂移动）
Y 向运动（手动及电动变位）	向前 90°
Y 向运动（手动）	向后 30°
Y 向运动（电动变位）	+80°，−25°（主动臂垂直，从动臂移动）
Z 向运动	762 mm
方位旋转（中间位置）	±174°
手腕仰俯（水平线下 38°起始）	±82°
手把和夹钳扭转	±175°
夹钳张开最大尺寸	80 mm
任意位置操作质量（手动）	7 kg
夹钳吊钩垂直起吊质量	15 kg
外接电源	220 V，50 Hz，0.1 kW

技术说明：

1. 本型机械手的操作范围及相关参数见上图及表，所在热室的内箱尺寸、W、C、W_1 及维修抽拔的空间尺寸由订货方自订。参见 EJ/T 1108 附录 D。

2. 与本机械手配套使用的装置包括：夹钳更换架、密封套、密封套更换装置，选用时请向供应商咨询。

3. 选用时还需同时注明前屏蔽墙厚度 W 及屏蔽材料(Fe 或混凝土)，以便确定水平管的屏蔽要求。

4. 上图表示出的操作范围是机械手的几何参数所能达到的范围，实际的操作范围限定在热室箱体之内。此外，上图表示出的操作范围是 C=460 mm 时的状态，C 值不同时，侧视图上的操作范围会平移相应的数值。

供应商：成都航天烽火精密机电有限公司
邮编：610100
电话：028-84864868
传真：028-84869068
Email：gdl818@126.com
地址：成都经济技术开发区龙泉驿大连路 2 号

75. 主从机械手 ZC106

EJ/T 1108
表 D.1

EJ/T 1108
YS 006

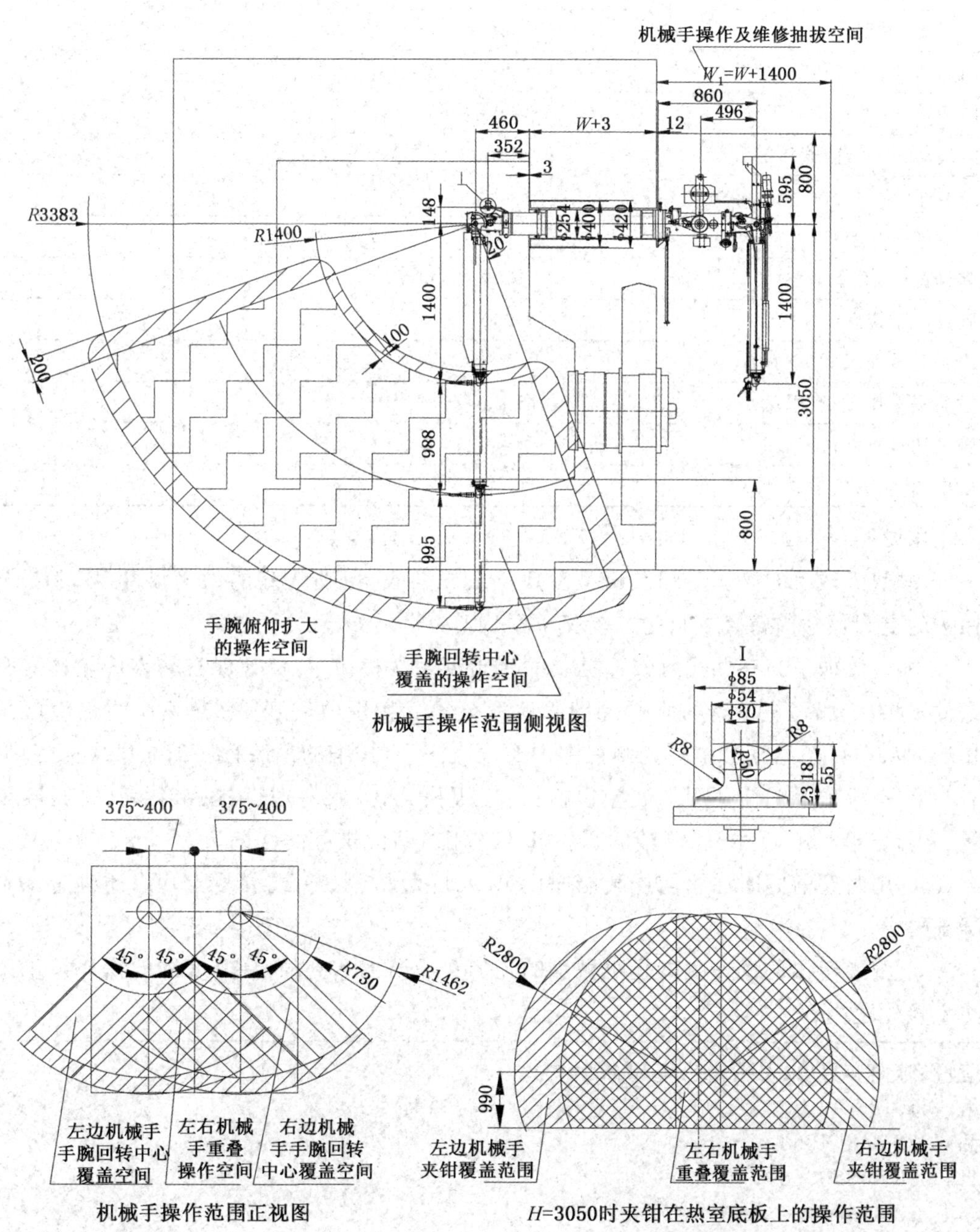

机械手操作范围侧视图

机械手操作范围正视图

H=3050时夹钳在热室底板上的操作范围

标记示例：

前屏蔽墙厚度为 1100 mm（混凝土 $\gamma=2.2$）的带密封套的 ZC106 型主从机械手：

主从机械手 ZC106 1100（混凝土 $\gamma=2.2$） EJ/T 1108 YS 006

操作特性及参数表

穿墙管中心安装高度	3050 mm
穿墙管旋转范围（X 向运动）	手动±45° 电动±30°（主动臂垂直，从动臂移动）
Y 向运动（手动）	+20° −18°
Y 向运动（电动变位）	+70° −20°
Y 向运动（电动变位+手动）	≮90°
Z 向运动（手动，内管伸缩）	995 mm
Z 向运动（电动变位，中管伸缩）	988 mm
方位旋转（中间位置）	±176°
手腕仰俯（相对水平线）	+30° −110°
手腕和夹钳扭转	±360°
夹钳张开最大尺寸	90 mm
任意位置操作质量（手动）	15 kg
手腕吊钩垂直起吊质量（电动）	60 kg
供电电源	直流 24 V，0.5 kW

技术说明：

1. 本型机械手的操作范围及相关参数见上图及表，所在热室的内箱尺寸、W、W_1 及维修抽拔的空间尺寸由订货方自定。参见 EJ/T1108 附录 D。

2. 本型机械手为三件式可快速拆装的密封型主从机械手，可在保持热室内箱体 α 密封的条件下将从动臂、主动臂与水平穿墙管快速分离。特别适用于 α-γ 热室。与热室起吊工具相配的从动臂蘑菇头形吊耳见侧视图内的放大图Ⅰ，详细的吊装程序请向供应商咨询。

3. 与本机械手配套使用的装置包括：夹钳更换架、夹钳专用工具、密封套、密封套更换装置、直流电源、60 kg 吊具、调整用 0 位规等选用时请向供应商咨询。

4. 选用时还需同时注明前屏蔽墙厚度 W 及屏蔽材料（Fe 或混凝土），以便确定水平管的屏蔽要求。

5. 上图表示出的操作范围是机械手的几何参数所能达到的范围，实际的操作范围限定在热室箱体之内。

供应商：成都航天烽火精密机电有限公司
邮编：610100
电话：028-84864868
传真：028-84869068
Email：gdl818@126.com
地址：成都经济技术开发区龙泉驿大连路 2 号

76. 关节式主从机械手 ZC204

EJ/T 1108
表 D.1

EJ/T 1108
YS 007

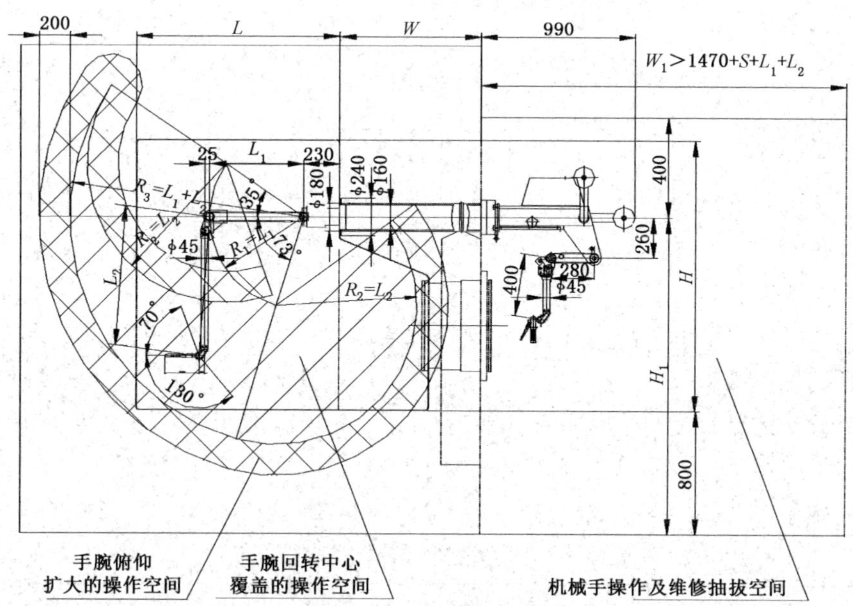

机械手操作范围侧视图

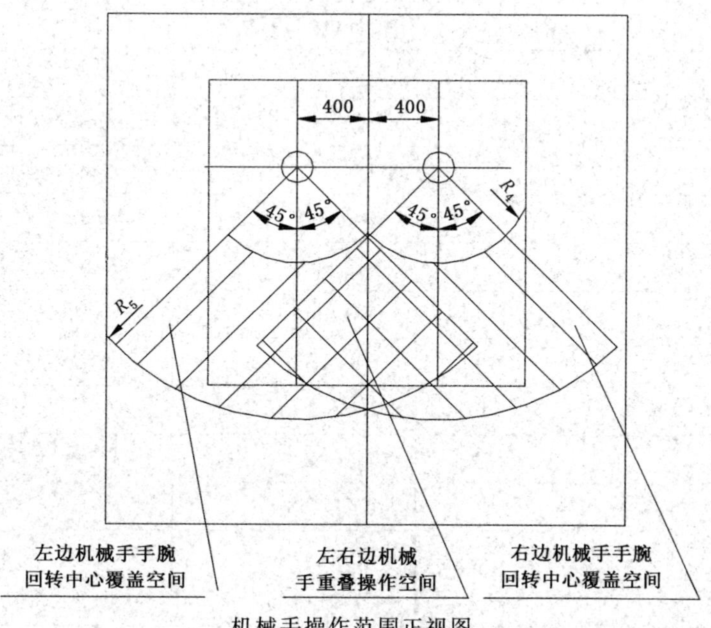

机械手操作范围正视图

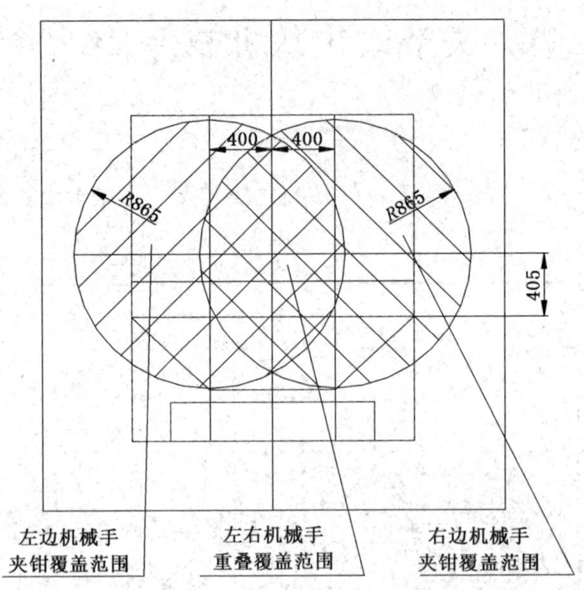

$H_1=2050$ 时 Ⅰ 型机械手夹钳在热室内箱底板上的操作范围

标记示例：

从动上臂和前臂长度分别为 600 mm、900 mm，前屏蔽墙为 800 mm（混凝土 $\gamma=2.2$）的带密封套的密封型关节式主从机械手 ZC204：

关节机械手 ZC204 Ⅰ 800（混凝土 $\gamma=2.2$） EJ/T 1108 YS 007

操作特性及参数表

操作范围及相关参数	型号	
	Ⅰ	Ⅱ
L_1	600 mm	450 mm
L_2	900 mm	750 mm
R_1	600 mm	450 mm
R_2	900 mm	750 mm
R_3	1500 mm	1200 mm
R_4	～548 mm	～430 mm
R_5	～1448 mm	～1180 mm
R_6	～500 mm	～400 mm
X 向：水平管旋转	±45°	±45°
Z 向：肩关节摆动	+35°，−75°	+35°，−75°
Y 向：肘关节摆动	+75°，−58°	+75°，−58°
从动前臂方位旋转	±180°	±180°
手腕仰俯（相对水平线）	+70°，−130°	+70°，−130°

（续表）

操作范围及相关参数	型号	
	Ⅰ	Ⅱ
手腕扭转	±360°	±360°
夹钳张开最大尺寸	90 mm	90 mm
任意位置起吊质量	7 kg	8 kg
垂直起吊质量	12 kg	12 kg

技术说明：

1．本型机械手按从动臂长度分为Ⅰ、Ⅱ两种型号，操作范围及相关参数见上表，图中列出的其他参数，如 H、H_1、L、W、W_1 及维修抽拔的空间尺寸由订货方自定。参见 EJ/T1108 附录 D，也可提供其他长度的非标准配置。

2．与本机械手配套使用的装置包括：夹钳更换架、密封套、密封套更换装置，选用时请向供应商咨询。

3．选用时还需同时注明前屏蔽墙厚度 W 及屏蔽材料（Fe 或混凝土），以便确定水平管的屏蔽要求。

4．在不同操作位置上，机械手操作力为～30～50 N，总重量～200 kg。

5．由于可能配备不同结构及尺寸的夹钳和球承，上表给出的操作范围会有少许变化，选用时应留出一定裕度。

6．上表示出的操作范围是机械手的几何参数所能达到的范围，实际的操作范围限定在热室箱体之内。

7．R_6 部位的实际操作范围与热室内箱体形状及尺寸密切相关，图中仅示出一种供参考的例子。

供应商：成都航天烽火精密机电有限公司
邮编：610100
电话：028-84864868
传真：028-84869068
Email：gdl818@126. com
地址：成都经济技术开发区龙泉驿大连路 2 号

77. 关节式主从机械手 ZC205

EJ/T 1108 表 D.1	EJ/T 1108 YS 008

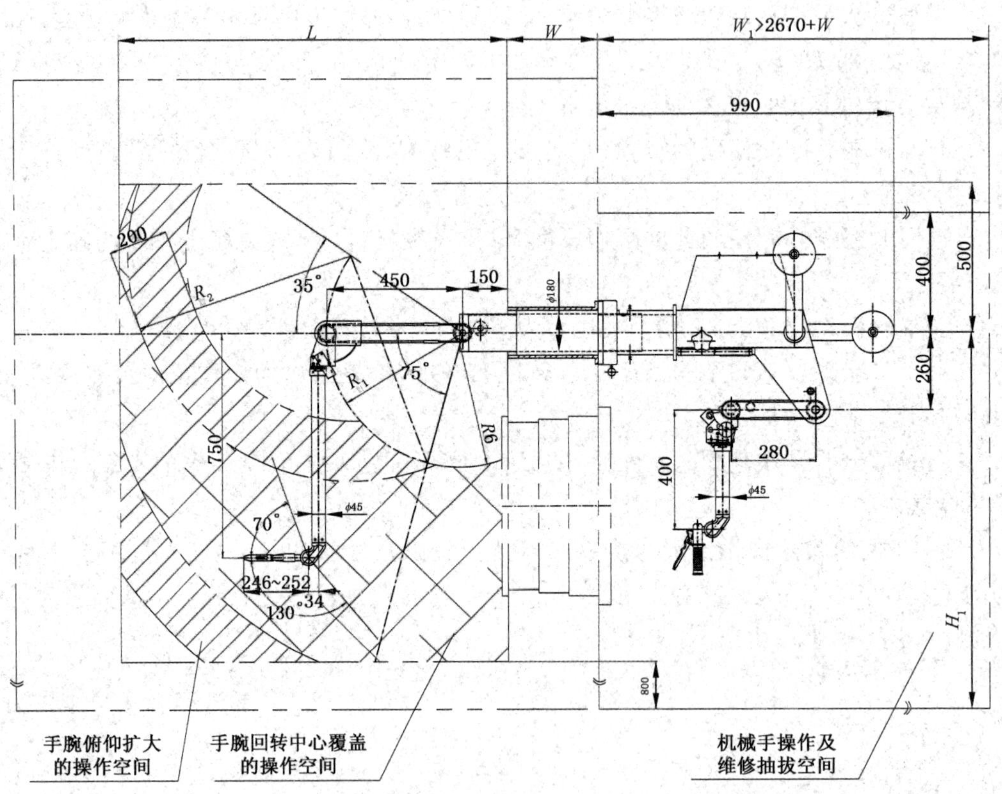

机械手操作范围侧视图

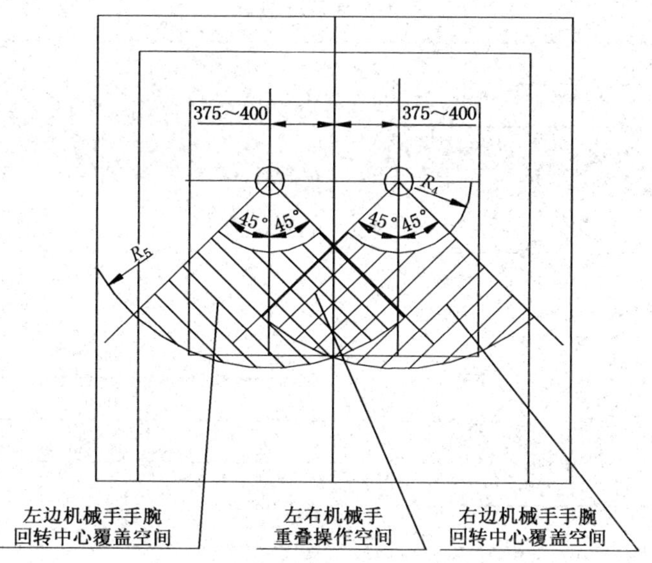

机械手操作范围正视图

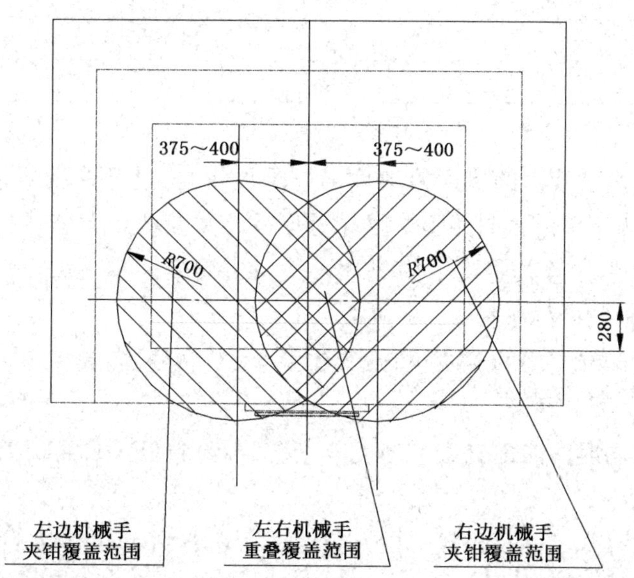

$H_1=1900$ 时机械手夹钳在热室内箱底板上的操作范围

标记示例：

从动上臂和前臂长度分别为 450 mm、750 mm，前屏蔽墙为 300 mm(Fe)的带密封套的关节式主从机械手 ZC205：

关节机械手 ZC205 300(Fe)　EJ/T 1108 YS 008

操作特性及参数表

L_1	450 mm
L_2	750 mm
R_1	450 mm
R_2	750 mm
R_3	1200 mm
R_4	～430 mm
R_5	～1180 mm
R_6	～420 mm
X 向：水平管旋转	±45°
Z 向：肩关节摆动	＋35°，－75°
Y 向：肘关节摆动	＋75°，－58°
从动前臂方位旋转	±180°
手腕仰俯（相对水平线）	＋70° －130°
手腕扭转	±360°
夹钳张开最大尺寸	90 mm
任意位置起吊质量	7 kg
垂直起吊质量	12 kg

技术说明：

1．本型机械手水平管内的挠性传动件未设附加密封，故为非密封型关节机械手，特别适用于密封性分级为 4 级的密封箱室。操作范围及相关参数见上表，图中列出的其他参数，如 H、H_1、L、W、W_1 及维修抽拔的空间尺寸由订货方自定。参见 EJ/T 1108 附录 D，也可提供从动臂需要其他长度的机械手。

2．与本机械手配套使用的装置包括：夹钳更换架、密封套、密封套更换装置，选用时请向供应商咨询。

3．选用时还需同时注明前屏蔽墙厚度 W 及屏蔽材料（Fe 或混凝土），以便确定水平管的屏蔽要求。

4．上表示出的操作范围是机械手的几何参数所能达到的范围，实际的操作范围限定在热室箱体之内。

5．R_6 部位的实际操作范围与热室内箱体形状及尺寸密切相关，图中仅示出一种供参考的例子。

供应商：成都航天烽火精密机电有限公司
邮编：610100
电话：028-84864868
传真：028-84869068
Email：gdl818@126.com
地址：成都经济技术开发区龙泉驿大连路 2 号

78. 屏蔽箱用内窥视窗

EJ/T 1108 图 11　8.2.4

EJ/T 1108 YS 009

箱室内侧

$C \times D$

$A \times B$

8

$A_1 \times B_1$

$A_2 \times B_2$

$A_3 \times B_3$

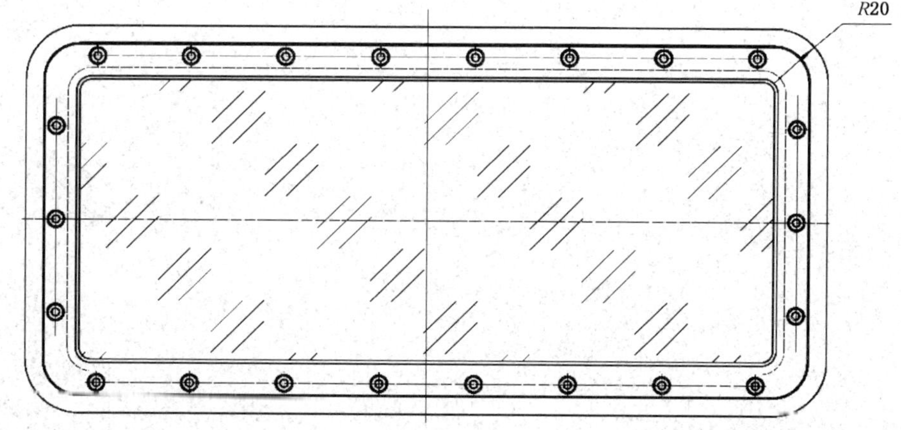

标记示例：

可视面积为 600 mm×250 mm 的内窥视窗：

内窥视窗 600×250　EJ/T 1108 YS 009

尺寸表

$A \times B$(mm)	$A_1 \times B_1$(mm)	$A_2 \times B_2$(mm)	$A_3 \times B_3$(mm)	$C \times D$(mm)	质量(kg)
600×250	640×290	670×320	690×340	662×312	12
450×250	490×290	520×290	540×340	562×312	16

技术说明：

1. 玻璃材料为 K509,其余材料为不锈钢。

2. 适用于密封性分别为 2～4 的密封箱室。

供应商:秦皇岛核风设备有限公司
邮编:066200
电话:0335-5032334
传真:0335-5031178
Email:shg404@163. com
地址:河北省山海关 217 信箱

供应商:中国原子能科学研究院实验工厂
邮编:102413
电话:010-69357656
传真:010-69357656
Email:ciaegongchang@163. com
地址:北京市房山区新镇

79. 屏蔽箱用外窥视窗

EJ/T 1108 8.2.4		EJ/T 1108 YS 010

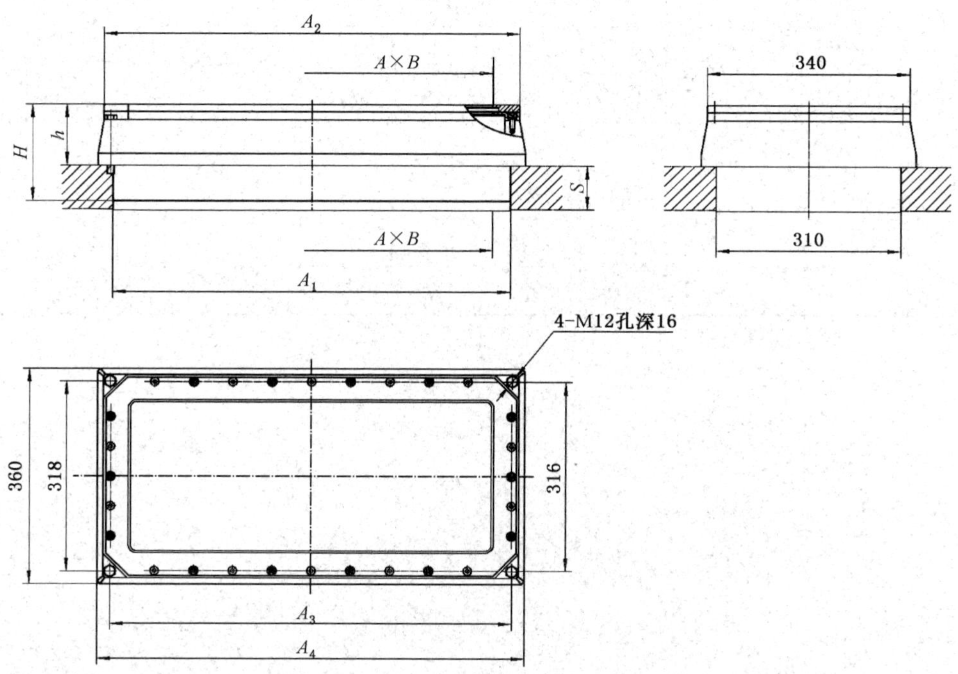

标记示例：

屏蔽墙厚 50 mm(Fe)有效观察面积 $A \times B$＝450 mm×250 mm 的外窥视窗：

窥视窗 S50 450×250　EJ/T 1108 YS 010

尺寸表

$A\times B$(mm)	S(相当于铸铁厚度)(mm)	可视角 α		透光度 $T\%$	E(mm)	h(mm)	A_1(mm)	A_2(mm)	A_3(mm)	A_4(mm)
		水平	垂直							
450×250	50	174°	168.5°	71.5	93	27.5	510	540	518	560
	75	173.5°	167°	69	123	58.5				
	100	173°	164.5°	51	154	83.5				
	125	172.5°	162°	50.5	184	108.5				
	150	172°	160.5°	41.5	215	133.5				
	200	170°	148°	33.5	276	183.5				
600×250	50	175.5°	168.5°	71.5	93	33.5	660	690	668	710
	75		167°	69	123	58.5				
	100	175°	164.5°	51	154	83.5				
	125		162°	50.5	184	108.5				
	150	174.5°	160.5°	41.5	215	133.5				
	200	172.5°	148°	33.5	276	183.5				

供应商:中国原子能科学研究院实验工厂
邮编:102413
电话:010-69357656
传真:010-69357656
Email:ciaegongchang@163.com
地址:北京市房山区新镇

供应商:秦皇岛核风设备有限公司
邮编:066200
电话:0335-5032334
传真:0335-5031178
Email:shg404@163.com
地址:河北省山海关217信箱